Schnelle Schlemmereien für verwöhnte Freunde

Die Autoren danken Tim für seine Hilfe, Geduld und Unterstützung. Außerdem: allen bei Mr. Christian's Delicatessen für ihre Hilfe mit den Zutaten; „den Jungs" bei Oddbins und bei Corney & Barrow, Kensington Park Road, London, für die Hilfe bei den Vorschlägen für die Getränke; Colin MacIvor.

Dieses Buch ist allen Freunden gewidmet, denen die Bedeutung guter Zutaten zum Kochen bewußt ist.

Der Verlag dankt der Firma Formica Ltd.

1. Auflage 1998

Die Originalausgabe erschien unter dem Titel FAST FOOD FOR FRIENDS bei Conran Octopus, London, 1996

Redaktion: Ursula Steffens
Satz: KCS GmbH, Buchholz
Druck und Bindung: KHL Printing, Singapore
ISBN 3-551-58071-2
Printed in Singapore

Schnelle Schlemmereien für verwöhnte Freunde

Lewis Esson
mit
Henrietta Green
&
Marie-Pierre Moine

Aus dem Englischen von
Jochen Schürmann

CARLSEN

Photos von
Patrice de Villiers

Brunch und Lunch

Ungezwungenes Tafeln

Mit Hand und Gabel

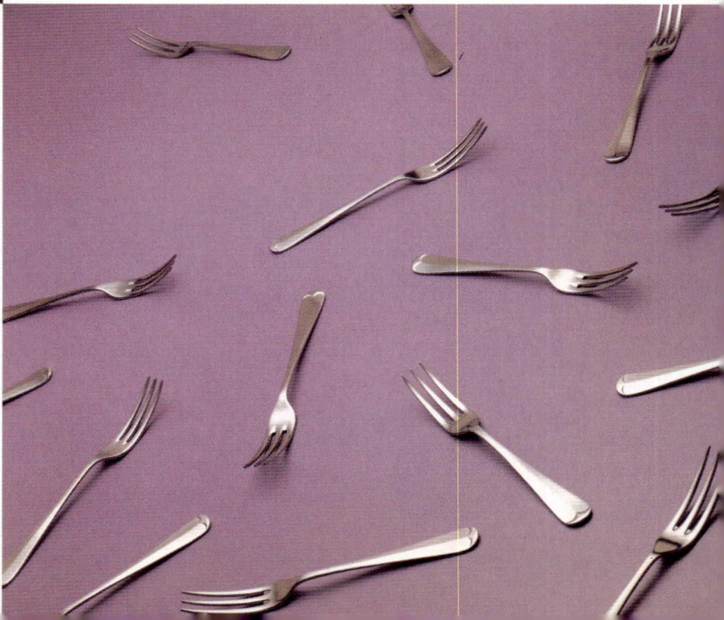

Abendessen

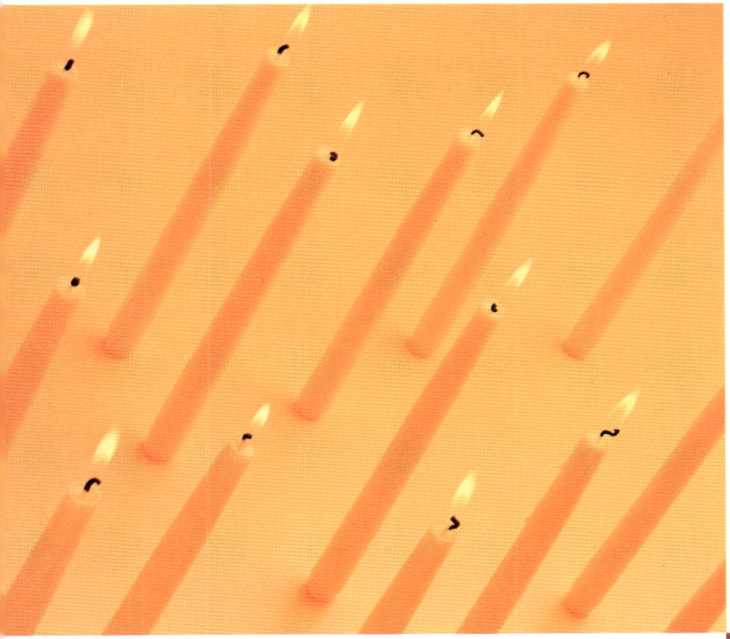

Besondere Anlässe

Viel Wirkung – wenig Aufwand: Eine Sammlung von Grundrezepten

Einführung

Das Sparsame Menü für viele Gäste
- Vichyssoise à la vitesse
- Schnelles Couscous
- Knuspriges Apfel-Ingwer-Baiser

Menü Surprise
- Risotto della Casa
- Scaloppine mit Orange und Marsala
- Thymian-Gemüse
- Himbeer-Baiser-Creme

Vegetarisches Abendessen
- Chicorée mit Blauschimmelkäse und Walnüssen
- Tagliatelle mit gerösteten Austernpilzen
- Salat mit Grapefruit-Dressing
- Gefüllte Brioche

Der Willkommensschmaus
- Schnelle Muschelsuppe
- Individuelle Filets Wellington mit Senfsoße
- Gebratener Rosenkohl mit gerösteten Pinienkernen
- Trifle Deluxe

Festessen, scharf und pikant
- Krabben-Toasts
- Schweine-Medaillons mit Ingwer und Orange
- Geschmortes Frühlingsgrün
- Chili-Nudeln
- Lychee-Walnuß-Creme

Einführung

Wenn Freunde zum Essen kommen, sollte für alle Beteiligten das Vergnügen an der Geselligkeit im Mittelpunkt stehen. Wir möchten deshalb in diesem Buch keine großartigen Regeln aufstellen, sondern Ihnen eine Auswahl ebenso bewährter wie beliebter Menüs vorstellen. Wir beschränken uns dabei mit Anweisungen für die Zubereitung und Zeitplanung auf das Notwendige. Die Zeit für die Lektüre der folgenden grundsätzlichen Hinweise sollten Sie sich allerdings unbedingt nehmen. Ein Minimum an Vorbereitung – und dazu gehört vor allem auch eine gut sortierte Vorratskammer – verkürzt die Zeit, die Sie zum Kochen benötigen und sorgt damit dafür, daß Sie und Ihre Gäste das gemeinsame Essen in Ruhe genießen können.

MENÜ-PLANUNG

Dieses Buch enthält jede Menge komponierte Menüs. Aus eigener Erfahrung wissen wir aber, daß sich die Leser (bzw. Benutzer) von Kochbüchern nur selten in allen Details an die vorgeschlagenen Speisefolgen halten. Deshalb möchten wir hier noch einige Tips für den Umgang mit diesem Buch voranstellen.

Betrachten Sie ein mehrgängiges Essen als eine Sinfonie mit verschiedenen Sätzen und Tempowechseln oder als eine gute Geschichte mit einem Anfang, einem Mittelteil und einem Ende. Bemühen Sie sich immer darum, ein Spektrum unterschiedlicher Geschmacksrichtungen und Konsistenzen anzubieten: Wenn Sie etwa mit einem gehaltvollen, eher schweren Gang beginnen, sollten Sie nicht auch noch eine mächtige Creme zum Dessert reichen. Wenn Sie zum Beispiel eine sehr leichte Vorspeise und ein ebensolches Dessert ausgewählt haben, sollte zumindest der Hauptgang eine kräftige (und sättigende) Beilage wie Reis oder Nudeln bekommen. Achten Sie auch darauf, nicht ein und dieselbe Zutat mehrfach in dominanter Weise zu verwenden, wobei Olivenöl und andere Grundprodukte natürlich ausgenommen sind.

Versuchen Sie sich bei der Planung vorzustellen, wie die einzelnen Gerichte aussehen und schmecken werden, und überlegen Sie, ob die Übergänge von Gang zu Gang harmonisch sind.

Beinahe ebenso wichtig wie der Geschmack der Speisen ist ihre Präsentation. Auch wenn aufwendige Garnituren und opulente „Tellergemälde" nicht dem Geist von *Schnelle Schlemmereien für verwöhnte Freunde* entsprechen, können ein paar gehackte Kräuter oder eine Prise Paprikapulver mitunter für den letzten optischen Schliff an einem ansonsten eher „monochromen" Gericht sorgen.

Selbst wenn Sie nicht unter Zeitdruck sind, ist es sinnvoll, in das Menü zumindest ein Gericht aufzunehmen, das im voraus zubereitet werden kann: zum Beispiel eine kalte Suppe, die nur noch aus dem Kühlschrank geholt und eventuell garniert werden muß, und zum Nachtisch Eiscreme mit einer Fruchtsoße, eine Dessert-Creme oder einfach frisches Obst.

ORGANISATION UND DER FAKTOR ZEIT

Dieses Buch möchte Ihnen zeigen, wie man möglichst schnell und unkompliziert köstliche Menüs kocht. Sie sollten dabei ihrem persönlichen Temperament folgen: Die Küchen-Sprinter bevorzugen

Die wohlsortierte Speisekammer
Es ist erstaunlich, welche Möglichkeiten Ihnen eine wirklich gut sortierte Speisekammer eröffnet. Natürlich müssen Sie nicht immer alles hier Angegebene vorrätig haben. Doch nichts davon ist leicht verderblich, und die Vorteile liegen auf der Hand: Selbst überraschende Gäste können Sie ohne großen Aufwand bewirten, und auch der alltägliche Speiseplan läßt sich abwechslungsreicher gestalten.

Das Geheimnis liegt darin, nur die besten Zutaten zu verwenden: z. B. Olivenöl für Salate und zum Braten nur aus der Erstpressung („extra vergine"), Meersalz und frisch gemahlenen Pfeffer anstelle von fertig gemahlenem Pulver, frische Kräuter anstelle von getrockneten usw.

In der Speisekammer:
Ein herzhaftes Brot
6 Eier
Ein oder zwei Knollen Knoblauch
Ein Päckchen Meersalz
Ein Beutel schwarze Pfefferkörner
4 oder 5 rote Zwiebeln
4 oder 5 Zitronen
3 oder 4 Limonen
2 oder 3 Apfelsinen

Auf der Fensterbank:
Frische Kräuter im Töpfchen, vor allem:
Schnittlauch
Glattblättrige Petersilie
Basilikum
Dill

Im Kühlschrank:
1/2 l Milch
1/2 Pfund ungesalzene Butter
1/2 Pfund durchwachsener Speck (nicht geräuchert)
300 ml Naturjoghurt
300 ml Crème fraîche, Crème double oder Frischkäse
Ein großes Stück Parmesankäse
1/2 Pfund Cheddar-Käse
Ein Päckchen fertig gewaschene Salatblätter

intensive, möglichst ungestörte Arbeitsphasen; andere, die kulinarischen Flaneure, unterbrechen die Arbeit gerne einmal, um ein Schwätzchen zu halten und mit den Gästen ein Glas Wein zu trinken.

Schnelle Schlemmereien möchte beiden Vorgehensweisen gerecht werden: Beim Sonntags-Lunch z. B. (siehe Seite 19) dauert das Kochen etwas länger, dafür sind der Aufwand bei der Vorbereitung und die Hektik in der Endphase eher gering. Die Glückwunsch-Party (siehe Seite 124) dagegen fordert zumindest für einen kurzen Zeitraum die ungeteilte Aufmerksamkeit des Kochs, respektive der Köchin. Die Spalte „Ablaufplan" vermittelt einen raschen Überblick über die Reihenfolge der Arbeitsschritte. Auf genaue Zeitangaben haben wir bewußt verzichtet, weil sich Hobbyköche gern dazu verleiten lassen, durch ständige Blicke auf die Uhr kostbare Zeit zu verschwenden. Wenn Sie sich für ein Menü entschieden haben, nehmen Sie sich lieber die Zeit, die einzelnen Rezepte vorher genau zu studieren und sich den Ablaufplan einzuprägen. Ganz wichtig ist es, die eigenen Vorlieben und Fähigkeiten beim Kochen genau zu kennen und richtig einschätzen zu können.

Vergewissern Sie sich, daß alle nötigen Zutaten und Gerätschaften in Reichweite bereitstehen. Legen Sie die Getränke kalt, die gekühlt serviert werden müssen, decken Sie den Tisch und bereiten Sie den Aperitif vor. Dann atmen Sie tief durch, holen sich selbst etwas zu trinken und beginnen Sie zu kochen.

EINKAUFEN AUF DEM HEIMWEG

Gut kochen kann man nur mit guten Zutaten. Wenn Sie auch noch schnell kochen wollen, sollten Sie auch gelegentlich vorbereitete Lebensmittel verwenden, die es inzwischen zum Teil in sehr guter Qualität gibt, z. B. vorgewaschenes und -geschnittenes Gemüse, bereits abgelesene Salatblätter, fertig gehackte Kräuter.

Machen Sie sich eine Liste mit allen benötigten Zutaten und kaufen Sie die frischen Produkte so spät wie möglich ein; wenn es sich einrichten läßt, erst an dem Tag, an dem Sie kochen wollen.

Achten Sie darauf, daß Ihre Vorratskammer stets gut bestückt ist. Die grundlegenden Zutaten und Gewürze, die jeder „Schnell"-Koch im Haus haben sollte, finden Sie in der farbigen Randspalte aufgelistet. Denken Sie daran, daß umsichtiges Einkaufen die Basis für entspanntes Kochen ist.

Einige Frühlingszwiebeln
Ein Kopf Radicchio-Salat
2 oder 3 rote oder gelbe Paprikaschoten
1 oder 2 Chilischoten
1 Pfund kräftige Tomaten
Ein Topf Senf
1/2 Flasche trockener Sherry

In der Tiefkühltruhe:
Ein weiterer Laib Brot
1/2 Pfund ungesalzene Butter
Eine Packung Muffins und/oder Kartoffelpuffer und/oder Blinis
1/2 Pfund Blattspinat
1/4 Pfund feine Erbsen
1 l Vanille-Eis
1 l Hühnerbrühe
Eiswürfel

Im Vorratsschrank:
1 Pfund Basmati-Reis
1 Pfund Nudeln aus Hartweizengries
1 Pfund asiatische Nudeln
Ein Päckchen Brühwürfel
Eine Flasche hochwertiges Olivenöl (extra vergine)
Eine Flasche Olivenöl zum Kochen
Eine Flasche Sonnenblumenöl
Eine kleine Flasche Walnußöl
Eine kleine Flasche Chiliöl
Eine kleine Flasche dunkles Sesamöl
Eine Flasche roter oder weißer Weinessig
Eine kleine Flasche Sherry-Essig
Eine kleine Flasche Balsamessig
Eine Flasche Sojasoße
Ein Döschen englischer Senfpuder
Eine Dose chinesische Fünf-Gewürze-Mischung
Ein großes Glas Mayonnaise (nach dem Öffnen im Kühlschrank aufbewahren)
Tube Sardellenpaste (nach dem Öffnen im Kühlschrank aufbewahren)
Tube Tomatenmark (nach dem Öffnen im Kühlschrank aufbewahren)
Eine große Flasche Worcester-Soße

Eine Flasche Tabasco
Eine Tube Harissa oder eine Flasche Chilisoße
Ein Päckchen Muskatnüsse
Paprikapulver
Kreuzkümmel (ganze Samen)
Oregano (getrocknet)
Ein Päckchen kleine getrocknete Chilischoten
Ein Päckchen getrocknete Waldpilze
Ein Glas getrocknete und in Öl eingelegte Tomaten
Kapern
Brauner Zucker
Puderzucker
Ein Glas klarer Honig
Ein Glas Johannisbeer-Gelee
Ein Glas Konfitüre
Eine große Tafel gute Bitterschokolade
Eine Tüte abgezogene Mandeln
Rosinen
Pinienkerne
Walnußhälften
Haselnüsse
Mohnkörner
Sesamkörner
Ein Glas Tahini (Sesampaste)

In Dosen:
Venusmuscheln in Salzlake
Thunfisch in Öl
Sardellen in Öl oder Salzlake
Sardinen
Artischockenherzen
Weiße Bohnen
Kichererbsen
Grüne Bohnenkerne
Maiskörner
Süße rote Paprika
Geschälte und gehackte Tomaten (mehrere Dosen)

KÜCHENGERÄT

Abgesehen von einer Auswahl guter scharfer Messer und einem Satz robuster Töpfe, nach Möglichkeit mit gut schließenden Deckeln, benötigen Sie zum Nachkochen unserer Rezepte nur wenig spezielles Küchengerät. Die folgenden Werkzeuge leisten gleichwohl gute Dienste:

Küchenmaschine Es liegt auf der Hand, daß man mit einem solchen Gerät jedwedes Kochgut schneller hacken und mixen kann. In unseren Rezepten wird häufig stark zerkleinertes Gemüse (z. B. Kartoffeln) verwendet, um die Kochzeit zu verkürzen, und das macht eine Küchenmaschine natürlich schnell und perfekt. Wie von Zauberhand gelingen vor allem auch Soßen oder Mayonnaise (siehe Seite 138). Versuchen Sie, der Küchenmaschine auf der Arbeitsfläche einen festen Platz einzurichten, Sie werden sehen, Sie benutzen sie dann häufiger.

Küchenschere Eine gute Allzweck-Küchenschere, die regelmäßig nachgeschliffen wird, ist in jedem Fall nützlich – z. B. zum Zerlegen von Geflügel oder zum Schneiden von Kräutern.

Zestenreißer Mit einem Zestenreißer lassen sich problemlos feine Streifen von Zitrusfrüchten abschaben, ohne daß die bitteren unteren Schichten der Schale mit abgeschält werden.

Salatschleuder Eine Salatschleuder sorgt dafür, daß die Salatblätter wirklich trocken werden.

Backpinsel Ein guter, robuster Back- oder Malpinsel eignet sich hervorragend zum Auftragen von Öl auf Backwaren und Grillgut, zum Einölen von geriffelten Grillpfannen usw. Achtung: Kunststoffborsten sind nicht hitzebeständig.

Wok Der asiatische Wok ist unabdingbar für pfannengerührte Gerichte. Am einfachsten zu handhaben sind die Modelle mit einem Griff, nützlich ist auch ein passender Rührlöffel. Geben Sie nicht unnötig Geld aus, sondern kaufen Sie ein einfaches, billiges Modell in einem asiatischen Supermarkt und ersetzen Sie ihn bei Bedarf durch einen Neuen.

Nudeltopf Ein spezieller Nudelkochtopf mit einem Korbeinsatz, der das bequeme Herausheben der fertigen Pasta ermöglicht, ist zwar teuer, lohnt aber bei häufigem Gebrauch die Investition.

Geriffelte Grillpfanne Diese Pfannen werden sehr schnell heiß, so daß sich beim Grillgut (Steaks, Koteletts, Fisch) sofort die Poren schließen und das Garen sehr rasch geht. Diese Pfannen funktionieren aber nur mit einem Gaskocher.

Sauteuse Das Geld für eine gute Sauteuse (Stielpfanne) ist in jedem Fall gut angelegt. Achten Sie darauf, daß der Boden dick und schwer und der Rand hoch genug ist, so daß man kräftig rühren und problemlos Flüssigkeit zugeben kann. Ein gut schließender Deckel zum Weiterköcheln bei geringerer Hitze sollte auch dazugehören.

Bratpfannen Sinnvoll ist es, mehrere Bratpfannen in unterschiedlichen Größen zur Auswahl zu haben. Teflon-Pfannen haben den Vorteil, daß mit ihnen gesundes Braten fast ohne Öl möglich ist. Gute Dienste tut zusätzlich auch eine kleine Omelette-Pfanne.

GRUNDTECHNIKEN

Schneiden mit der Schere
Schneiden Sie Kräuter und Blätter mit der Küchenschere gleich über dem Topf bzw. der Salatschüssel, anstatt sie auf einem Brettchen zu hacken. Feste Früchte und andere Dinge wie z. B. Hühnerleber, Pilze oder Scheiben gekochten Fleisches können auch mit der Schere geschnitten werden.

Reißen und zupfen Salatblätter oder z. B. gegartes Hühnerfleisch über einer Schüssel mit der Hand auseinanderzuzupfen geht nicht nur schneller als das Schneiden auf einem Brett, sondern ist für die jeweiligen Zutaten, die dabei nicht so viel Saft verlieren, auch schonender.

Zerkrümeln und zerbröseln
Wann immer möglich, sollten Sie Zutaten (z. B. Käse oder gekochten Fisch) mit der Hand in den Topf oder die Schüssel zerkrümeln, anstatt durch das Zerkleinern auf dem Brett Zeit zu verlieren und Geräte schmutzig zu machen.

Reiben und raspeln Viele Zutaten, wie z. B. festes Gemüse oder Käse, können auch gerieben oder geraspelt anstatt gehackt und geschnitten werden.

Zerkleinern Wenn Sie in unseren Rezepten die Anweisung „in der Küchenmaschine zerkleinern" finden, bedeutet dies, daß die (zur besseren Verarbeitung grob vorgeschnittenen) Zutaten gerade so lange vom rotierenden Hackmesser bearbeitet werden sollen, bis sie zwar fein gehackt, aber noch nicht püriert sind.

Zestenreißen Bei vielen Rezepten in diesem Buch spielen fein geraspelte Schalen von Zitrusfrüchten eine Rolle. Verwenden Sie dafür nur unbehandelte Schalen oder schrubben Sie die Früchte in warmem Seifenwasser gut ab (dann abtropfen lassen und trockentupfen). Schaben Sie die Schale mit der feinen Seite einer Reibe oder mit einem speziellen Zestenreißer. Wenden Sie dabei nur leichten Druck an, damit Sie nicht bis in die bittere, weiße Schicht unter der eigentlichen Schale vordringen.

Benutzung von Knoblauch
Wenn Sie ein Gericht nur mit einem Hauch Knoblauch versehen möchten, können Sie einfach vor dem Braten oder Schmoren einen Topf oder die Pfanne mit der Schnittfläche einer halbierten Knoblauchzehe auswischen. Wenn der Geschmack etwas intensiver sein darf, zerdrücken Sie die Zehe mit der Seite eines breiten Messers oder in einer Knoblauchpresse.

Wasser kochen Wenn Sie kleine Mengen kochendes Wasser benötigen, erhitzen Sie das Wasser in einem Kessel, das geht am schnellsten. Auch wenn Sie zum Kochen von Reis, Nudeln oder Suppen größere Mengen brauchen, können Sie zumindest einen Teil des Wassers erst in einem Kessel zum Kochen bringen und dann in einen Topf umgießen.

Grillen Denken Sie daran, den Grill rechtzeitig anzuwerfen, damit er Zeit hat, richtig heiß zu werden, während Sie das Grillgut vorbereiten. Verwenden Sie möglichst dünne, gleich groß geschnittene Stücke, damit sie rasch und gleichmäßig garen.

Grillen in der Pfanne Achten Sie beim Pfannengrillen darauf, daß die geriffelte Grillpfanne richtig über dem Gaskocher steht und schön heiß ist, bevor Sie mit dem Grillen beginnen. Legen Sie das Grillgut vorsichtig hinein und lassen Sie es in Ruhe, bis die Unterseite gut angebraten ist, was sich am besten durch vorsichtiges Anheben einer Ecke testen läßt. Das Fleisch (oder den Fisch) umdrehen und auf der anderen Seite bräunen. Wenn das Grillgut nicht genügend eigenes Fett besitzt, muß die Pfanne vorher gut geölt werden, vorzugsweise mit einem Öl, das hohe Temperaturen verträgt, wie z. B. Erdnußöl.

Sautieren Bei dieser Gartechnik werden die meist in kleinere Stücke geschnittenen Hauptzutaten zunächst in Butter oder Öl unter ständigem Rühren scharf angebraten, bis sich die Poren geschlossen haben. Dann werden Flüssigkeit und Geschmacksveredler wie Wein und Kräuter dazugegeben und die Hitze reduziert. Danach läßt man alles noch einige Minuten weitergaren.

Pfannenrühren Der Vorgang ist ähnlich dem des Sautierens, findet aber im Wok statt. Die Zutaten werden für gewöhnlich in feine Streifen oder kleine Stücke geschnitten und über starker Flamme ständig in Bewegung gehalten. Die runde Form des Woks dient dazu, fertig gebratene Zutaten auf den kühleren Rand schieben zu können, während die jeweils neuen Zutaten in die heiße Mitte geworfen werden.

Ablöschen Nach dem Braten oder Pfannengrillen wird die Pfanne normalerweise mit ein wenig Flüssigkeit abgelöscht. Dafür eignen sich z. B. Wasser, Brühe, Essig, Zitronensaft, Wein oder anderer Alkohol. Lassen Sie die Pfanne auf dem Feuer und rühren Sie die Flüssigkeit mit einem Holzlöffel durch, bis sich die Röststoffe vom Pfannenboden gelöst haben. So gewinnen Sie den Fond für eine schmackhafte Soße.

Brunch und Lunch

DAS ENDLOSE SONNTAGSFRÜHSTÜCK
– Speck-und-Pilz-Kedgeree
– Omelette mit Räucherfisch und Tomaten
– Kartoffelpuffer mit würzigem Apfelkompott

DAS SCHNELLE SONNTAGSESSEN
– Mozzarella-Crostini
– Gebackene Lammhaxen
– Geröstete neue Kartoffeln
– Grüne Bohnen und Brokkoli mit Petersilie und Walnüssen
– Schokoladen-Campari-Soufflé

LEICHTES MITTAGESSEN
– Auberginen-Dip
– China-Suppe
– Sommerfrüchte mit frischer Minze

DAS ARBEITSESSEN
– Becher-Bouillon mit Parmesan-Croûtons
– Pfannen-Pizza
– Ausgewählte Süßigkeiten

DAS ENDLOSE SONNTAGS FRÜHSTÜCK

Dieses Menü ist für träge Sonntag-vormittage gedacht, wenn Freunde vorbeikommen oder im Gästebett erwachen und sich nach und nach am Tisch niederlassen. Keines der Gerichte muß unbedingt heiß gegessen werden – im Gegenteil, manche entfalten, wenn sie etwas abgekühlt sind, sogar neue Geschmacksnuancen.

Der kleine Gag bei diesem Menü besteht darin, daß die Komponenten der traditionellen britischen Frühstückspaare Speck und Eier sowie Räucherfisch und Reis getrennt werden, in einem größeren Zusammenhang aber wieder vereint sind. Frisch gebackene Hörnchen oder Brötchen (nehmen Sie dafür ruhig Aufback-Brötchen aus dem Supermarkt) mit Butter und eine Auswahl schöner Konfitüren runden das Festessen ab.

SPECK-UND-PILZ-KEDGEREE

OMELETTE MIT RÄUCHERFISCH UND TOMATEN

KARTOFFELPUFFER MIT WÜRZIGEM APFELKOMPOTT

Für 6–8

Speck-und-Pilz-Kedgeree

In England wird das Reisgericht Kedgeree „klassisch" mit Räucherfisch zubereitet. Da jedoch im indischen Originalrezept auch gespaltene Erbsen und Linsen Verwendung finden können, nehmen Sie sich die Freiheit, mit Zutaten Ihrer Wahl zu experimentieren. Vegetarier verzichten einfach auf den Speck.

6 Kardamom-Kapseln
225 g Basmati-Reis
6 Streifen geräucherter Speck (Bacon)
2 rote Zwiebeln
30 g Butter
225 g rosa Champignons
1 Zitrone
Je eine Handvoll Petersilie und Koriandergrün
150 ml Crème fraîche
Eine Prise gemahlener Kreuzkümmel
Ein oder zwei Prisen Cayenne-Pfeffer
Salz und Pfeffer
Zitronenspalten zum Servieren

Getränke

Kannenweise starker Frühstückstee und frisch gekochter Kaffee – was könnte besser zu Räucherfisch und Speck passen? Für diejenigen, für die eine Party ohne Alkohol keine Party ist, können Sie in einer Karaffe Sekt mit Fruchtsaft (z. B. Pfirsich oder Guave) mischen und eventuell als „Sahnehäubchen" noch einen Schuß Obstschnaps unterrühren.

1 Einen großen Topf mit leicht gesalzenem Wasser aufs Feuer stellen. Die Kardamom-Kapseln grob zerstoßen und in das Wasser geben. Den Reis in einem Sieb unter kaltem Wasser abspülen, in den Topf schütten und zum Kochen bringen. Umrühren, abdecken und etwa zehn Minuten ziehen lassen, bis der Reis noch bißfest (al dente) ist.

2 Den Speck in Streifen schneiden und ohne Fett anbraten, bis er kroß und leicht gebräunt ist. Aus der Pfanne nehmen und warm stellen. Die Zwiebeln in grobe Stücke schneiden und im Speckfett glasig werden lassen.

3 Parallel dazu die Butter in einer anderen Pfanne über mittlerer bis großer Hitze zergehen lassen. Die Pilze putzen, vierteln und in der Butter sautieren, bis sie weich sind.

4 Den Reis abtropfen lassen, in den Topf zurückschütten und dabei die Kardamom-Stücke herausfischen. Die Hitze auf niedrigste Stufe reduzieren und den Reis mit einer Gabel auflockern.

5 Die Zitronenschale in den Reis schaben, dann auch den ausgepreßten Saft dazugießen. Von den frischen Kräutern ein Teil zum Garnieren zurücklegen, den Rest in den Reis schnippeln. Zwiebeln, Speck, Pilze, Crème fraîche und Kreuzkümmel dazugeben. Alles über mittlerer Hitze gut verrühren, abschmecken und mit den Zitronenspalten und den Kräutern garnieren.

Ablaufplan

1. Ofen vorheizen (wenn Brötchen aufgebacken werden sollen)
2. In einem Kessel Wasser kochen zum Häuten der Tomaten
3. Äpfel vorbereiten und Apfelkompott aufsetzen
4. Fisch dünsten
5. Tomaten blanchieren und abziehen
6. Reis waschen und aufsetzen
7. Speck, Zwiebeln und Pilze anbraten
8. Reis abgießen und dämpfen lassen
9. Zutaten und Gewürze zum Reis geben und zusammen erhitzen
10. Kartoffeln für die Puffer vorbereiten
11. Puffer backen
12. Mischung für das Omelette vorbereiten
13. Omelette in der Pfanne backen
14. Omelette unter dem Grill bräunen
15. Apfelsoße zubereiten

Omelette mit Räucherfisch und Tomaten

Dieser schmackhafte und sättigende Eierkuchen verbindet zwei der in England nahezu kollektiven kulinarischen Kindheitserinnerungen: die Sandwich-Füllung aus gehackten Eiern und Tomaten sowie geräucherten Schellfisch mit in Milch gedünsteten Eiern. Dieses Gericht eignet sich besonders gut zum Brunch, weil es heiß genausogut schmeckt wie etwas abgekühlt oder ganz kalt und sich auch problemlos wieder aufwärmen läßt, so dies vorsichtig geschieht. Aufgrund der verschiedenen Zutaten schmeckt jeder Bissen anders – je nachdem, was man gerade auf der Gabel hat.

450 g geräucherter Schellfisch
150 ml Milch
1–2 Lorbeerblätter
4–5 schwarze Pfefferkörner
450 g Fleischtomaten
Eine Handvoll glattblättrige Petersilie
Eine Handvoll Dillstengel
Ein Bund Schnittlauch
6 Eier
3 EL Crème fraîche
Ein oder zwei Spritzer Worcester-Soße
2–4 Tropfen Tabasco (nach Belieben)
1 TL Meerrettich (aus dem Glas)
30 g Parmesankäse
20 g Butter
Salz und Pfeffer

1 In einem Kessel Wasser aufsetzen. Den Schellfisch unter kaltem, fließendem Wasser waschen, in einen Topf legen und soviel Milch dazugießen, bis der Fisch bedeckt ist (wenn nötig, den Fisch in große Stücke teilen). Ein oder zwei Lorbeerblätter und einige schwarze Pfefferkörner dazugeben, das Ganze zum Kochen bringen und 2-4 Minuten köcheln lassen, bis der Fisch fest ist und beginnt zu zerfallen. Die genaue Garzeit hängt davon ab, wie dick der Fisch ist. Abtropfen und abkühlen lassen.

2 In der Zwischenzeit die Tomaten in einer hitzebeständigen Schüssel mit dem kochenden Wasser aus dem Kessel übergießen. Das Wasser nach einer Minute wieder abgießen; die aufgesprungene Haut läßt sich problemlos abziehen. Die Tomaten achteln, dabei den harten Stielansatz wegschneiden und die Achtel in einer Schüssel beiseite stellen.

3 Den ausreichend abgekühlten Fisch in die Schüssel mit den Tomaten hinein mit der Hand in Stücke zupfen und dabei die letzten Gräten entfernen.

4 Die Kräuter waschen und jeweils die Hälfte davon über den Fisch und die Tomaten schnippeln. Mit Pfeffer würzen und vorsichtig vermengen.

5 Die Eier in eine andere Schüssel geben und schaumig schlagen. Würzen und die Crème fraîche unterrühren. Dann Worcester-Soße, Tabasco und Meerrettich dazugeben und die restlichen Kräuter hineinschneiden. Gut vermengen.

6 Den Backofengrill auf höchster Stufe vorheizen und den Parmesan reiben. Die Butter in einer Stielpfanne mit ofenfestem Griff über mittlerer Hitze zergehen lassen und durch Schwenken sicherstellen, daß der gesamte Boden und die Ränder gut eingefettet sind. Dann die Temperatur hochschalten (höchste Stufe).

7 Sobald die Butter beginnt braun zu werden, die Eier-Mischung noch einmal kurz durchrühren und in die Pfanne gießen. Mit einem Pfannenwender schnell das stockende Ei vom Rand lösen und in die Mitte schieben, dann die Fisch-Tomaten-Mischung darübergeben und mit einer Gabel gleichmäßig verteilen. Das Ganze bei leicht reduzierter Hitze etwa drei Minuten weiterbacken lassen, bis zumindest der Boden fest gestockt ist.

8 Den Käse darüber verteilen und das Omelette so dicht wie möglich unter den Grill des Backofens schieben. Grillen, bis auch die Oberfläche gestockt ist. Zu Tortenstücken aufschneiden und servieren.

Speck-und-Pilz-Kedgeree (s. S. 15)

Kartoffelpuffer mit würzigem Apfelkompott

Dieses einfache ländliche Gericht läßt sich mit fast allem kombinieren und kommt immer gut an. Es gibt verschiedene Möglichkeiten, das Rezept zu variieren, z.B. indem Sie anderes Gemüse wie Stangen- oder Knollensellerie oder gehackte, getrocknete Tomaten in die Kartoffelmischung einrühren. Wenn Sie getrocknete Tomaten verwenden und den Cheddar durch Parmesan ersetzen, erreichen Sie im Handumdrehen einen mediterranen Einschlag, den Sie durch die Beigabe von Pesto oder frischer Tomatensoße noch intensivieren können.

Knapp 1 kg mehlige Kartoffeln
115 g Cheddar-Käse
3 Eier
2 EL Mehl
3–4 Frühlingszwiebeln
Salz und Pfeffer
Sonnenblumenöl zum Braten

Für das würzige Apfelkompott:
3 große säuerliche Äpfel
1 Zitrone
Ein oder zwei Prisen Zucker
4 Gewürznelken
30 g Butter

1 Beginnen Sie mit der Zubereitung des Apfelkompotts: Äpfel schälen, entkernen und in einen kleinen Topf reiben. Die geriebene Schale und den Saft der Zitrone, den Zucker, die Gewürznelken und einen Spritzer Wasser dazugeben. Zum Köcheln bringen, abdecken und etwa 15 Minuten lang leise simmern lassen, bis die Äpfel weich sind. Wenn das Ganze zu trocken wird und anzubrennen droht, geben Sie ein wenig Wasser zu.

2 Während die Äpfel kochen, die Kartoffeln schälen, grob reiben und in einem Durchschlag abtropfen lassen. Die geriebenen Kartoffeln in die Mitte eines sauberen Geschirrtuchs geben, das Tuch zusammennehmen und soviel Flüssigkeit wie möglich auspressen.

3 Die geriebenen Kartoffeln in eine Schüssel geben und den Käse darüberreiben. Die Eier in einem Schüsselchen kurz aufschlagen und mit der Kartoffel-Käse-Mischung gut verrühren. Auch das Mehl mit jeweils einer reichlichen Prise Salz und Pfeffer unterrühren. Die Zwiebeln hineinschneiden und alles noch einmal gut vermischen.

4 In einer großen Bratpfanne Öl erhitzen und die Mischung mit einem großen Löffel portionsweise hineingeben, so daß etwa 5 mm dicke Puffer von etwa 7,5 cm Durchmesser entstehen. Über mittlerer Hitze braten, bis die Unterseite braun ist, dann wenden und die andere Seite braten. Die fertigen Kartoffelpuffer im Ofen warm stellen, bis die Mischung aufgebraucht ist.

5 Zum Schluß die Gewürznelken aus dem Apfelkompott entfernen, den Topf vom Feuer nehmen und die Butter unterrühren. Kartoffelpuffer und Apfelkompott warm servieren.

DAS SCHNELLE SONNTAGS ESSEN

Unser Sonntagsessen ist etwas für die Feunde traditioneller Küche und eignet sich mit Rezepten, die ein genaues Timing erfordern, nur bedingt zum Experimentieren. Die Zubereitung wird Sie nicht den ganzen Vormittag kosten und dennoch Gäste, die ein komplettes Menü mit Fleisch, verschiedenen Gemüsen und Dessert erwarten, nicht enttäuschen. Die Portionen für die Vorspeisen und das Hauptgericht sind reichlich bemessen, so daß Sie dem einen oder anderen Gast ohne Probleme einen Nachschlag gewähren können.

MOZZARELLA-CROSTINI

GEBACKENE LAMMHAXEN

GERÖSTETE NEUE KARTOFFELN

GRÜNE BOHNEN UND BROKKOLI MIT PETERSILIE UND WALNÜSSEN

Für 4–5

SCHOKOLADEN-CAMPARI-SOUFFLÉ

Mozzarella-Crostini

Für diese gerösteten Brothäppchen brauchen Sie kein Ciabatta oder anderes original italienisches Brot, ein normales festes Brot mit hohem Feuchtigkeitsgehalt tut es auch. Servieren Sie die Crostini als Appetitanreger mit einem Glas Prosecco (und großen Servietten) bevor sie die Gäste zu Tisch bitten. Wenn Sie sie lieber als klassische Vorspeise servieren möchten, richten Sie Platten mit leicht angemachten, kräftigen Salatblättern an und stapeln Sie die Crostini obenauf.

2–3 reife Tomaten
4–6 Sardellenfilets (in Öl, abgetropft)
1 Knoblauchzehe
6 dicke Scheiben eines rustikalen Sauerteigbrotes
Etwa 6 EL Ölivenöl
115 g Mozzarella
Pfeffer

1 Den Grill auf höchster Stufe vorheizen. Die Tomaten in Scheiben schneiden und einen Teil der Kerne entfernen. Die Sardellen grob und den zerdrückten und gehäuteten Knoblauch fein hacken und beides in eine Tasse geben.

2 Das Brot leicht antoasten, dann eine Seite mit Olivenöl bestreichen. Die Tomatenscheiben darauf legen und mit Pfeffer würzen.

3 Sardellen und Knoblauch mit dem restlichen Olivenöl verrühren und die Mischung auf den Tomaten verteilen.

4 Den Mozzarella in dünne Scheiben schneiden, auf den Crostini verteilen und noch einmal pfeffern. Die Crostini unter den Grill schieben, bis der Käse zu schmelzen beginnt und Blasen wirft. Heiß servieren.

Getränke

Zu den Crostini reichen Sie einen gut gekühlten italienischen Prosecco. Zum Lamm passen fruchtig-volle bis feurige Rotweine wie z. B. Châteauneuf du Pape, ein Côtes du Ventoux oder Côtes du Roussillon. Wenn Sie mal einen Tropfen aus der Neuen Welt probieren wollen, versuchen Sie es mit einem Cabernet Shiraz. Den Rotwein können Sie auch zum Schokoladensoufflé trinken, auch wenn diese Kombination auf den ersten Blick exotisch klingt.

Ablaufplan

1. Ofen und Grill vorheizen und einen Topf mit Wasser aufsetzen.
2. Steckrüben, Zwiebeln und Lamm vorbereiten und mit dem Braten beginnen
3. Kartoffeln putzen und aufsetzen
4. Schokolade schmelzen, mit den Zutaten verrühren und warm stellen
5. Lamm begießen, wenden und Hitze reduzieren
6. Brot toasten, den Belag zubereiten und auf den Crostini verteilen
7. Süße Paprika und rote Zwiebeln vorbereiten
8. Kartoffeln abgießen, im Öl wenden und mit dem Rösten beginnen
9. Grüne Bohnen und Brokkoli kochen, abgießen und warm stellen
10. Paprika und Zwiebeln zu den Kartoffeln geben
11. Crostini grillen und als Appetit-Häppchen servieren
12. Ofen ausmachen und Lamm und Gemüse ruhen lassen
13. Grüne Bohnen und Brokkoli anrichten
14. Kurz vor dem Essen den Ofen wieder aufheizen und das Soufflé backen

Gebackene Lammhaxen

3–4 Knoblauchzehen
1 1/2 EL getrockneter Rosmarin
1 1/2 TL getrockneter Majoran oder Oregano
Etwa 4 EL fruchtiges Olivenöl
5–6 schön fleischige, aber nicht fette Lammhaxen
450 g zarte, junge Steckrüben
1/2 Gemüsezwiebel
Einige feine Streifen Orangenschale
200 ml trockener Weißwein
30 g gekühlte Butter
1/2 Zitrone
Einige Stengel glattblättrige Petersilie zum Garnieren
Salz und Pfeffer

1 Den Ofen auf 230 °C vorheizen. Die Knoblauchzehen häuten, zerdrücken und mit der Hälfte der getrockneten Kräuter und einem Eßlöffel Olivenöl in einer Tasse zu einer Paste verrühren. Mit einem kleinen scharfen Messer in jede Lammhaxe kleine Einschnitte vornehmen und etwas von der Paste in jeden Schnitt einfüllen.

2 Die Steckrüben schälen (wenn nötig), halbieren, mit ein wenig Olivenöl bestreichen und leicht salzen und pfeffern.

3 Die Steckrüben in eine ofenfeste Servierschüssel geben. Die Zwiebel hacken und auf den Rüben verteilen, dann die Orangenschale und die restlichen Kräuter darüberstreuen.

4 Lammhaxen auf das Rüben-Zwiebel-Bett legen, mit dem restlichen Olivenöl bestreichen und kräftig würzen.

5 Die Schüssel oder Bratform in den Ofen stellen und 20–25 Minuten backen, dann aus dem Ofen nehmen und mit dem Weißwein übergießen. Das Fleisch wenden, dabei das Gemüsebett umrühren und die Ofenhitze auf 180 °C reduzieren (Gas: Stufe 4). Auf den mittleren oder unteren Rost des Ofens stellen und weitere 30 Minuten (oder mehr) garen, bis das Fleisch zart ist.

6 Butterflocken auf Fleisch und Rüben verteilen, umrühren und im ausgeschalteten Ofen noch mindestens 5, höchstens 20 Minuten ruhen lassen. Falls nötig, das Fleisch zum Warmhalten mit einer doppelten Lage Alufolie abdecken.

7 Vor dem Auftragen noch einmal nachpfeffern, ein wenig Zitronenschale darüberreiben und mit Petersilienblättern garnieren. In der Ofenform servieren.

Geröstete neue Kartoffeln

500 g mittelgroße neue Kartoffeln (außerhalb der Saison kleine, saubere Lagerkartoffeln verwenden)
3 EL Olivenöl (nach Bedarf auch ein wenig mehr)
1/2 TL getrockneter Thymian
1 große oder 2 kleine rote Zwiebeln
1 gelbe oder rote Paprika
Salz und Pfeffer

1 Einen offenen Bräter mit im Ofen vorwärmen und gleichzeitig Salzwasser in einem Topf zum Kochen bringen. Die Kartoffeln putzen, die größeren halbieren und etwa 15 Minuten kochen.

2 Das Olivenöl in eine Schüssel geben und Salz, Pfeffer und Thymian dazugeben. Die rote Zwiebel in dünne Streifen schneiden und das Herzstück wegwerfen. Die Zwiebelstreifen im Öl wenden, wieder herausheben und zur Seite stellen. Die Paprika in dünne Streifen schneiden, entkernen, dann auch ins Öl tauchen und wieder herausheben.

3 Die Kartoffeln abgießen und im Olivenöl wenden (wenn nötig, mehr Öl dazugeben). Salzen und im vorgewärmten Bräter verteilen.

4 Auf dem obersten Rost im Ofen 12–15 Minuten mitbraten lassen. Dann die Kartoffeln wenden und Zwiebel- und Paprikastreifen dazwischenstreuen. Weitere 10 Minuten backen lassen und heiß servieren.

Grüne Bohnen und Brokkoli mit Petersilie und Walnüssen

350 g feine grüne Bohnen
350 g kleine Brokkoli-Röschen
2 EL fruchtiges Olivenöl
55 g frische Walnußkerne
Einige Stengel glattblättrige Petersilie
2 TL Zitronensaft
Salz und Pfeffer

1 In einem Kessel Wasser zum Kochen bringen, das Wasser in einen Topf umgießen, salzen und über starker Hitze wieder zum Kochen bringen.

2 Die grünen Bohnen putzen und in das kochende Wasser werfen. Wieder aufkochen und 2–3 Minuten sprudelnd kochen lassen.

3 Den Brokkoli dazugeben, wiederum aufkochen und 3–4 Minuten kochen lassen, bzw. so lange, bis die gewünschte Konsistenz erreicht ist, dann das Gemüse abgießen.

4 Das Gemüse auf einer Vorlegeplatte anrichten, die Hälfte des Olivenöls darübersprenkeln und die Walnußkerne darüberstreuen. Einige Petersilienblätter darauf verteilen und zum Mischen vorsichtig schütteln.

5 Wenn nötig, nachwürzen. Den Rest des Olivenöls und den Zitronensaft darübergießen. Das Gemüse so schnell wie möglich zusammen mit dem Lamm und den gerösteten Kartoffeln servieren.

Schokoladen-Campari-Soufflé

Dieses wunderbar sahnig-klebrige Dessert, ein Mittelding aus Pudding und Soufflé, vereint die aparten Geschmackskomponenten von Bitterschokolade, Campari und Orange.

170 g Bitterschokolade
2 EL Campari
1 Orange
Ungesalzene Butter zum Einfetten
2 EL Crème fraîche (nach Belieben noch etwas mehr zum Garnieren)
3 frische große Eier, getrennt
75 g Zucker
Puderzucker zum Bestäuben (nach Belieben)
Geriebene Orangenschale (nach Belieben zum Garnieren)

1 Den Ofen auf 190 °C vorheizen. Die Schokolade in Stücke brechen, zusammen mit einem Eßlöffel Wasser in einen Topf geben und unter ständigem Rühren auf niedrigster Flamme schmelzen lassen. Den Campari einrühren und die Orangenschale hineinreiben. Wenn es noch nicht Zeit zum Backen des Soufflés ist, den Topf mit der Schokolade im Wasserbad warm halten, hin und wieder umrühren.

2 Vier oder fünf Soufflëförmchen (10 cm Ø) mit Butter ausfetten.

3 Den Topf mit der Schokolade vom Herd nehmen und mit einem Schneebesen die Crème fraîche unter die Schokolade mischen, dann das Eigelb unterrühren.

4 Das Eiweiß steif schlagen, den Zucker einrieseln lassen. Mit einem Metalllöffel vorsichtig den Eischnee unter die Schokoladenmasse heben.

5 Die Mischung auf die Förmchen verteilen. 20 Minuten im Ofen backen, bis die Soufflés hochgegangen sind, außen eine dünne Kruste gebildet haben, im Inneren aber noch weich und feucht sind. Nach Belieben garnieren und sofort servieren.

Gebackene Lammhaxen *(s. S. 21)*

LEICHTES MITTAGESSEN

Einen Gast zu bewirten, der gerade auf Diät ist, ist keine leichte Aufgabe, die man aber problemlos mit einem gesunden, fettarmen Mittagessen bewältigen kann. Sie können sich beruhigt in der Gewißheit zurücklehnen, daß niemand in der Runde auch nur ein Gramm zunehmen wird. Und – fast noch wichtiger – Sie selbst haben die Muße, am Tischgespräch teilnehmen zu können.

Um bei der Zubereitung des Hauptgerichts Zeit zu sparen, sollten Sie Ihren Fischhändler bitten, den Tintenfisch fertig auszunehmen, dann müssen Sie letzteren nur noch in Ringe schneiden. Denken Sie daran, daß die Zubereitung von pfannengerührten Gerichten blitzschnell geht, wenn die Zutaten schön fein geschnitten oder zerkleinert sind.

AUBERGINEN-DIP

CHINA-SUPPE

SOMMERFRÜCHTE MIT FRISCHER MINZE

Für 4

Auberginen-Dip

Stellen Sie die Schüssel mit dem Dip in die Mitte des Tisches und arrangieren Sie drumherum eine reiche Auswahl an Gemüse-Rohkost. In manchen Supermärkten gibt es sogar schon fertig vorbereitete Möhren-Stäbchen oder Blumenkohlröschen; es macht aber auch nahezu keine Arbeit, einige feste Blätter aus dem Inneren eines Salatkopfes oder von Chicorée-Kolben abzuzupfen. Reizen Sie die ganze Palette möglicher Farben und Konsistenzen aus und bieten Sie z. B. auch Cocktail-Tomaten, rohe Champignons, Streifen von roter, grüner oder gelber Paprika und Selleriestangen an. Suchen Sie für den Auberginen-Dip nicht zu große, aber rundliche, feste und glänzende Früchte aus, die jeweils etwa 150 g wiegen sollten. Je kleiner die Auberginen sind, desto schneller garen sie.

2 kleine Auberginen (siehe oben)
Hochwertiges Olivenöl zum Einölen
2 Knoblauchzehen
100 ml Magermilchjoghurt
Blätter von zwei Thymianzweigen
Ein kleines Bund glattblättrige Petersilie
Diverses Rohkostgemüse (siehe oben)

1 Den Ofen auf 220 °C vorheizen (Gas: Stufe 7).

2 Die Auberginen der Länge nach halbieren und rundum mit Olivenöl bestreichen. Auch die ungehäuteten Knoblauchzehen in Öl tunken und zusammen mit den Auberginen-Hälften in einen Bräter legen. Salzen und 15–20 Minuten im Ofen backen, bis die Auberginen weich sind.

3 Mit einem Löffel das Fruchtfleisch der Auberginen aus der Haut lösen und in eine Küchenmaschine füllen. Die Knoblauchzehen auspressen und mit dem Joghurt, dem Thymian und der Petersilie dazugeben. Das Ganze zu einer weichen Paste verarbeiten und nach Geschmack würzen. Mit Stäbchen, Streifen o. ä. von Gemüse-Rohkost servieren.

Getränke

Tafelwasser mit und ohne Kohlensäure und/oder grüner chinesischer Tee

Ablaufplan

1. Ofen vorheizen
2. Auberginen mit Knoblauch backen
3. Gemüse-Rohkost vorbereiten
4. Knoblauch, Ingwer, Zitronengras und Frühlingszwiebel in der Küchenmaschine zerkleinern
5. Kohl, Pilze und Mais vorbereiten
6. Fisch und Tintenfisch zubereiten
7. Gebackene Auberginen und Knoblauch zum Dip verarbeiten
8. Fischbrühe heiß machen
9. Früchte vorbereiten
10. Suppe zubereiten
11. Gemüse-Rohkost anrichten und mit dem Dip servieren
12. Suppe garnieren und servieren

China-Suppe

Basis dieser Suppe sollte ein erstklassiger Fisch-Fond sein. Sie können ihn im Glas oder in der Dose käuflich erwerben; wenn Sie auf Brühwürfel zurückgreifen, sollten Sie der Fischbrühe auf jeden Fall Gemüsebrühe vorziehen, die in der Regel weniger vorschmeckt.

1 l Fischbrühe (siehe oben)
2 Knoblauchzehen
Ein Stück frischer Ingwer (ca. 2,5 cm lang)
Frisches Zitronengras (ca. 2,5 cm lang)
3 Frühlingszwiebeln
225 g (Weiß-) Fischfilet, z. B. Kabeljau oder Seehecht
2 mittelgroße Tintenfische
1/2 Kopf Chinakohl oder Römersalat
115 g Austernpilze
115 g kleine Maiskölbchen
1 EL Chiliöl
115 g Faden-Reisnudeln
1 EL Sojasoße
85 g geschälte Garnelen
1 EL trockener Sherry (nach Wunsch)
Ein großes Bund Koriandergrün
Salz und Pfeffer

1 Die Brühe in einem Topf zum Kochen bringen.

2 In der Zwischenzeit Knoblauch, Ingwer, Zitronengras und Frühlingszwiebeln in der Küchenmaschine zu einer Paste verarbeiten.

3 Den Fisch enthäuten und in Streifen schneiden. Den Tintenfisch in etwa 2,5 cm breite Ringe schneiden und die Fangarme halbieren. Den Chinakohl kleinschneiden, die Pilze hacken und die Maiskölbchen der Länge nach halbieren.

4 In einem Wok oder in einer gußeisernen Kasserolle das Öl erhitzen, und die Knoblauchpaste darin eine Minute unter Rühren anschmoren.

5 Die Fischstreifen dazugeben und eine Minute unter Rühren braten.

6 Den Chinakohl, die Pilze und die Maiskölbchen hinzufügen und wieder eine Minute unter Rühren braten lassen.

7 Die kochende Brühe in den Wok schöpfen, die Reisnudeln über der Suppe zerbrechen und umrühren, damit sie sich trennen. Die Sojasoße dazugießen und alles ein paar Minuten simmern lassen, bis die Nudeln fast weich sind.

8 Die Tintenfischringe und die Garnelen hineinwerfen und eine Minute ziehen lassen. Der Tintenfisch gart sehr schnell; man erkennt es daran, daß die Ringe trüb und milchig werden.

9 Kurz vor dem Servieren den Sherry unterrühren (wenn gewünscht), das Koriandergrün hineinschnippeln und noch einmal abschmecken. In Portionsschalen umfüllen und servieren.

Sommerfrüchte mit frischer Minze

Als Faustregel gilt, daß Sie 55–85 g Obst pro Person benötigen. Wenn Sie Zeit sparen wollen, suchen Sie Früchte aus, die nicht geschält werden müssen, wie z. B. Pflaumen, Aprikosen, Feigen, Äpfel, Birnen und alle Arten von Beeren.

Frisches Obst (siehe oben)
1/2 Zitrone
Ein kleines Sträußchen Minze
2 EL süßer Weißwein

1 Die größeren Früchte in Stücke oder dünne Scheiben schneiden und alles auf einer großen Platte attraktiv anrichten. Mit Zitronensaft beträufeln, um Verfärbungen zu verhindern.

2 Die Minze hacken und über die Früchte streuen, dann den Wein darüber träufeln. Die fertige Platte bis zum Servieren in den Kühlschrank stellen.

DAS ARBEITS ESSEN

Das entscheidende Merkmal eines Arbeitsessens sollte es sein, daß man beim Essen selbst keine Arbeit hat. Gerichte, die ein umständliches und damit vom Gespräch ablenkendes Hantieren mit Besteck erfordern, eignen sich dafür also nicht. Das hier ausgewählte Menü soll eine zwanglose Atmosphäre ermöglichen, in der sich Teamgeist entfalten kann und ein kreativer Gedankenaustausch entsteht. Zum Dessert allerdings kann man die formelle Ebene auch einmal verlassen: eine Auswahl unwiderstehlicher Süßigkeiten, auf einer üppigen Platte verführerisch angerichtet und mit Puderzucker bestäubt: z. B. Muskatellertrauben, türkischer Honig, glasierte Maronen, kandierte Früchte und Ingwer. Weitere Anregungen können Sie sich auch bei der provençalischen Dessertplatte holen (siehe Seite 98).

BECHER-BOUILLON
MIT PARMESAN-CROÛTONS

PFANNEN-PIZZA

AUSGEWÄHLTE SÜSSIGKEITEN

Für 4–6

Becher-Bouillon mit Parmesan-Croûtons

Es löst eigentlich immer große Behaglichkeit aus, wenn man Suppe aus einem Becher oder einer Tasse löffelt, fast so als säße man vor einem Kamin, und dem können sich auch eher steifere Gäste kaum entziehen. Es ist erstaunlich einfach, aus einer hochwertigen Fertig-Brühe – die gute Qualität ist hierbei allerdings entscheidend – durch kleine Veredelungen eine wunderbare Suppe zu zaubern. Die zusätzlichen Aromen, die durch Möhre, Zucchini, Madeira und die originellen Parmesan-Croûtons ins Spiel kommen, machen aus diesem einfachen Gericht eine wirklich raffinierte Vorspeise.

875 ml Hühnerbrühe oder fertiger Fond aus dem Glas
Ein Spritzer Madeira oder trockener Sherry
1 Zucchini
1 Möhre
Ein Bund Schnittlauch

Für die Parmesan-Croûtons:
6 mitteldicke Scheiben Weißbrot
30 g Butter
Ein großes Stück Parmesan-Käse

1 Die Brühe mit einem Schuß Madeira (oder Sherry) in einen Topf geben und drei Viertel der Zucchini und der Möhre grob geraspelt hinzufügen. Den Topf über niedriger Hitze vorsichtig erwärmen.

2 Den Grill auf mittlerer Stufe vorheizen. Mit einem Teigschneider oder einem umgedrehten Glas so viele Kreise mit einem Durchmesser von etwa 5 cm aus dem Weißbrot schneiden bzw. ausstechen wie möglich. Diese Scheibchen auf dem Grillrost von beiden Seiten antoasten. Dann jede der Scheiben vorsichtig auseinanderziehen oder -schneiden, so daß die doppelte Zahl dünner Scheibchen entsteht. Diese mit der ungetoasteten Seite nach oben wieder auf den Rost legen, auf jede Scheibe eine Butterflocke geben und den Parmesan darüberreiben. Grillen, bis sich der Käse verfärbt.

3 Die heiße Brühe in vorgewärmte Becher füllen, den Rest von Zucchini und Möhre ganz fein darüberreiben und den kleingeschnittenen Schnittlauch verteilen. Mit den Parmesan-Croûtons servieren.

Getränke

Jede Menge Mineralwasser

Ablaufplan

1. Brühe mit geraspeltem Gemüse erhitzen
2. Pizzateig rühren und kneten
3. Bratpfanne erhitzen und Teig ausrollen
4. Grill vorheizen, Brotkreise ausschneiden und toasten
5. Pizzateig braten
6. Toastscheibchen trennen, belegen und grillen
7. Pizzateig wenden und belegen
8. Bratpfanne abdecken und Pizza zu Ende backen
9. Die Süßigkeiten vorbereiten
10. Brühe mit Parmesan-Croûtons servieren
11. Pizza aus der Pfanne nehmen, abtropfen lassen und zum Servieren in Stücke schneiden

Pfannen-Pizza

Die Idee, eine Pizza in der Pfanne zu braten, stammt aus der in England erscheinenden Zeitschrift *Italian Food*. Sie bietet gerade dem eiligen Koch ganz neue Perspektiven. Der Teig ist schnell gemacht: Kein Ruhen- oder Gehenlassen ist erforderlich, und der Boden wird in der Pfanne wunderbar kroß. Der Teig wird erst belegt, nachdem er zum erstenmal gewendet wurde. Dann muß die Pfanne, die mindestens 25 cm Durchmesser haben sollte, mit einem gut sitzenden Deckel geschlossen werden, um eine Art Ofeneffekt zu erzielen. In zehn Minuten ist Ihre Pizza fertig und servierbereit.

1 rote Zwiebel
8 dünne Scheiben Schinken
200 g Mozzarella
170 g Mehl (und ein wenig mehr zum Bestäuben)
2 gehäufte TL Backpulver
2 gehäufte TL getrockneter Oregano
Olivenöl zum Braten
225 g passierte Tomaten
6-8 Sardellen (in Öl, abgetropft)
1 EL kleine Kapern (abgetropft)
Eine Handvoll Basilikumblätter
2 EL schwarze Oliven
Salz und Pfeffer

1 Die Zwiebel und den Mozzarella in dicke Scheiben schneiden, den Schinken in Streifen reißen und alles beiseite stellen.

2 Das Mehl zusammen mit dem Backpulver in eine große Rührschüssel sieben. Eine große Prise Salz und die Hälfte vom Oregano daruntermischen. In der Mitte eine Mulde bilden und circa 100 ml kaltes Wasser hineingießen. Mit den Fingern das Mehl vom Rand nach und nach mit dem Wasser zu einem weichen Teig vermischen. Wenn nötig, Wasser oder Mehl zugeben, bis ein weicher, elastischer Teig entstanden ist, der nicht mehr an den Fingern klebt. Den Teig auf einer mit Mehl bestäubten Arbeitsfläche gut eine Minute lang durchkneten.

3 Eine große, schwere Pfanne gut mit Olivenöl fetten und über mittlerer bis starker Flamme erhitzen.

4 Den Teig zu einer dünnen, runden Scheibe von der Größe des Pfannenbodens ausrollen.

5 Wenn das Öl richtig heiß ist, den Teig über das Rollholz geklappt anheben und vorsichtig in das heiße Öl legen. Falls der Teig nicht gleich flach in der Pfanne liegt, mit der Gabel nachhelfen. Kräftig anbraten lassen, bis die Unterseite nach ein paar Minuten eine schöne goldbraune Färbung zeigt. Entstehende Luftblasen mit der Gabel anstechen und wieder flachdrücken.

6 Den Teig wenden und die Hitze auf mittlere Stufe reduzieren. Die passierte Tomate auf der jetzt oben liegenden Seite verstreichen, kräftig würzen und den restlichen Oregano darüberstreuen. Dann Zwiebelscheiben, Schinken, Sardellen und Kapern sowie den Käse darüberschichten. Zum Schluß die Basilikumblätter und die schwarzen Oliven darauflegen.

7 Die Pfanne mit einem Deckel schließen und die Pizza braten lassen, bis der Boden goldbraun und der Käse verlaufen ist. Die Pizza mit zwei Pfannenwendern vorsichtig herausheben und auf Küchenpapier abtropfen lassen. In Portionsstücke schneiden und servieren.

Variante

Rühren Sie den Teig mit Zucker anstelle von Salz an und bestreichen Sie den Fladen mit Aprikosenmarmelade und Kompott-Früchten, und schon haben Sie ein ebenso köstliches wie originelles Dessert.

Ungezwungenes Tafeln

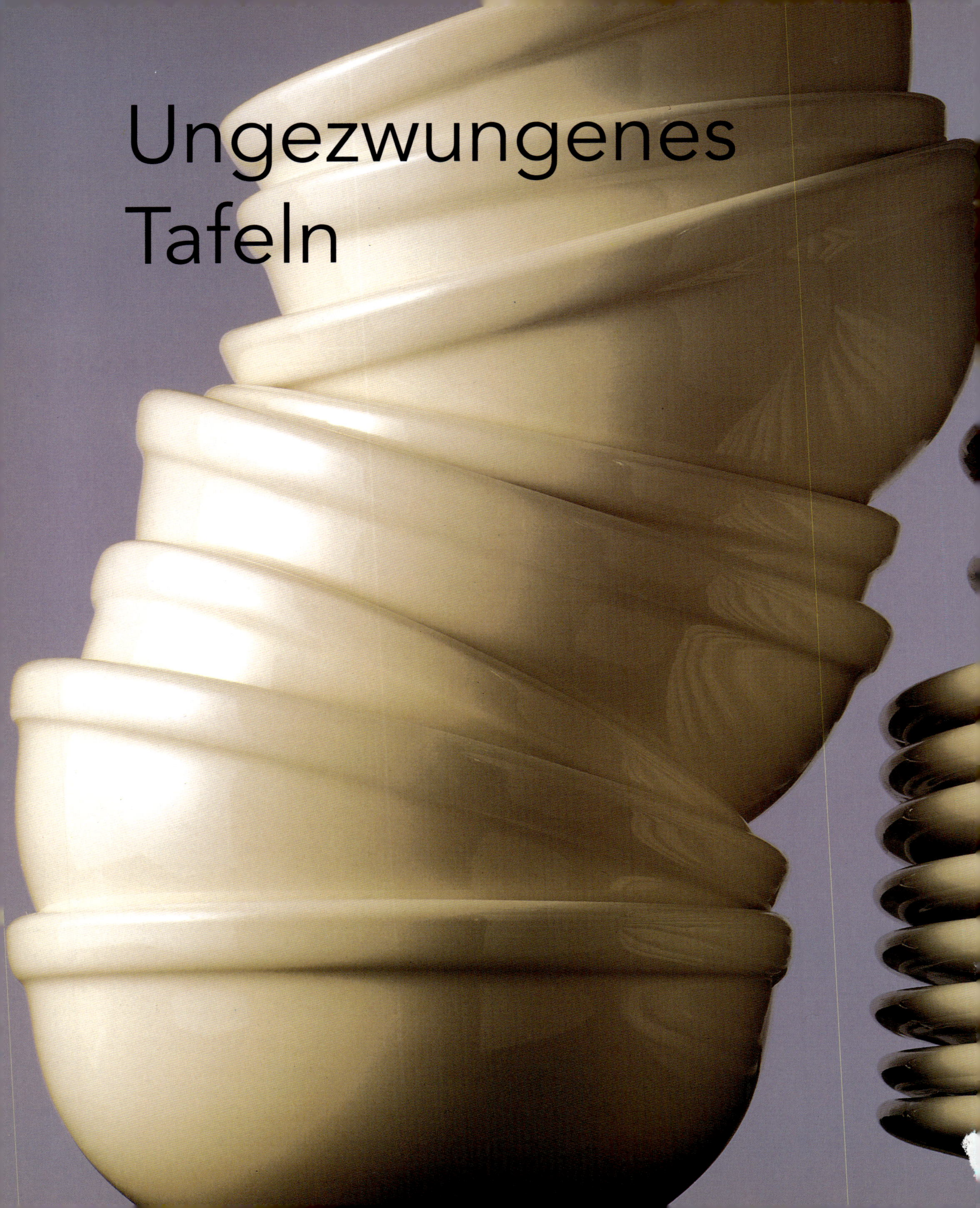

Das Sparsame Menü für viele Gäste

– Vichyssoise à la vitesse
– Schnelles Couscous
– Knusprige Apfel-Ingwer-Baisers

Menü Surprise

– Risotto della Casa
– Scaloppine mit Orange und Marsala
– Thymian-Gemüse
– Himbeer-Baiser-Creme

Vegetarisches Abendessen

– Chicorée mit Blauschimmelkäse und Walnüssen
– Tagliatelle mit gerösteten Austernpilzen
– Salat mit Grapefruit-Dressing
– Gefüllte Brioche

Der Willkommensschmaus

– Schnelle Muschelsuppe
– Individuelle Filets Wellington mit Senfsoße
– Gebratener Rosenkohl mit gerösteten Pinienkernen
– Trifle Deluxe

Festessen, scharf und pikant

– Krabben-Toasts
– Schweine-Medaillons mit Ingwer und Orange
– Geschmortes Frühlingsgrün
– Chili-Nudeln
– Lychee-Walnuß-Creme

DAS SPARSAME MENÜ FÜR VIELE GÄSTE

Mehr oder weniger unerwartet eine größere Gruppe von Freunden und Bekannten bewirten zu müssen läßt sich heutzutage meist nur noch mit einem Sprint zur Kühltheke des nächsten Supermarkts bewerkstelligen. Doch wir wissen alle, wie kostspielig das werden kann, vor allem, weil jene praktischen Fertiggerichte, die vollmundig verkünden, „für vier Personen" ausreichend zu sein, allenfalls die Hälfte satt machen. Wie auch immer, plündern Sie Ihre Vorratskammer, entwickeln Sie ein wenig Phantasie, und Sie werden sich wundern, wie originell so ein improvisiertes Essen ausfallen kann, und mehr als ein lange geplantes Dinner für vier Personen kostet es Sie auch nicht.

VICHYSSOISE À LA VITESSE

SCHNELLES COUSCOUS

KNUSPRIGE APFEL-INGWER-BAISERS

Für 8–12

Vichyssoise à la vitesse

Appetitlich in einer hübschen Terrine serviert, läßt eine cremige Vichyssoise keinen Gedanken an ihre überaus „billige" Herkunft aufkommen. Für die Zubereitung dieser französischen Lauch-Kartoffelsuppe können Sie auch fertige Brühe oder sogar gute, nicht zu salzige Brühwürfel verwenden.

30 g Butter
1 l Hühner- oder Gemüsebrühe
Ein reichlicher Schuß Weißwein (nach Geschmack)
450 g dünne Porreestangen
2 Selleriestangen
450 g mehlige Kartoffeln
Eine große Prise Muskatnuß (frisch gerieben)
200 ml Crème fraîche
1 Eigelb
Salz und Pfeffer
Gehackter Schnittlauch, Kerbel oder Estragon zum Garnieren (nach Belieben)

1 Die Butter in einem großen Topf mit schwerem Boden über niedriger Hitze zergehen lassen. Die Brühe und den Wein in einem separaten Topf erhitzen.

2 Porree- und Selleriestangen putzen und in dünne Scheiben schneiden. In die geschmolzene Butter geben und sanft sautieren, bis das Gemüse weich (aber nicht gebräunt) ist.

3 Währenddessen die Kartoffeln schälen, in möglichst kleine Würfel schneiden und mit Salz, Pfeffer und ein wenig Muskat zu dem Gemüse geben. Verrühren.

4 Die heiße Brühe dazugießen, aufkochen und 15 Minuten simmern lassen, bis die Kartoffeln und das Gemüse weich sind. Vom Feuer nehmen und etwas abkühlen lassen.

5 Das Ganze mit einem Pürierstab zu einer cremigen, aber nicht zu flüssigen Masse verarbeiten.

6 Zwei Drittel der Crème fraîche in einer Schüssel mit dem Eigelb verquirlen und kurz vor dem Servieren (nicht mehr auf dem Feuer!) in die Suppe rühren. Gut durchrühren und abschmecken.

7 Zum Servieren die Suppe mit der restlichen Crème fraîche und den gehackten Kräutern garnieren.

Getränke

Zur Suppe paßt ein trockener, junger Weißwein wie z. B. ein Sauvignon; zum Couscous bietet sich ein marokkanischer oder sonstiger trockener Rosé an. Oder stellen Sie einfach auf den Tisch, was Ihre Gäste mitgebracht haben (in der Reihenfolge abnehmender Qualität).

Ablaufplan

1. Brühe für die Suppe erhitzen; Gemüse sautieren
2. Wasser für das Couscous aufsetzen
3. Ofen für das Dessert vorheizen und Hauptgericht zubereiten
4. Milch aufsetzen
5. Die Kartoffeln für die Suppe vorbereiten und mit der Brühe zum Köcheln bringen
6. Milchmischung vom Feuer nehmen und Äpfel hineinreiben
7. Hühnchen und Lamm anbraten, in eine Kasserolle legen, kochendes Wasser und Gemüse dazugeben und würzen
8. In der Kasserolle Schaum abschöpfen
9. Eigelb mit der Milch verquirlen, in die Form gießen und backen
10. Das restliche Gemüse und Gewürze in die Kasserolle geben
11. Suppe pürieren; Eigelb und Crème fraîche einrühren. Kochendes Wasser über das Couscous gießen.
12. Den Pudding aus dem Ofen holen, Biscuits vorbereiten und Eiweiß schlagen
13. Suppe servieren
14. Pudding fertig zubereiten und wieder in den Ofen schieben. Couscous fertigstellen und servieren

Schnelles Couscous

Dies ist ein wunderbar gehaltvolles Gericht. Die Zutaten sind leicht zu bekommen, nicht teuer und problemlos zuzubereiten, vor allem wenn man das mittlerweile erhältliche vorgegarte Couscous verwendet. Exotische Gewürze und etwas scharfe Harissa-Paste verwandeln diesen bescheidenen Eintopf in ein Festessen mit romantisch-orientalischem Flair.

3 EL Öl (nach Bedarf auch mehr)
8–12 Hähnchenteile (Brust und Schenkel)
450 g mageres Lammfleisch
4 Zwiebeln
6 Knoblauchzehen
4 Steckrüben
4 große Möhren
Eine Portion Safranfäden
Je 1 TL gemahlener Kreuzkümmel, Ingwer und Kurkuma
2 Würfel Hühner- oder Gemüsebrühe (oder von beiden je einer)
6 große reife Tomaten
8 Zucchini
140 g kernlose Rosinen
Ein Bund glattblättrige Petersilie
Ein Bund Koriandergrün
400 g gekochte Kichererbsen (aus der Dose), abgetropft
675 g vorgegarter Couscous-Grieß
1 EL Harissa-Paste (plus ein wenig mehr zum Garnieren)
55 g Butter
3–4 EL Rosenwasser (nach Belieben)
85 g Datteln (nach Belieben)
Salz und Pfeffer

1 Einen großen Kessel mit Wasser aufsetzen. Das Öl in einem großen Topf mit schwerem Boden oder in einer Kasserolle über sehr starker Hitze erwärmen und die Hähnchenteile von allen Seiten darin anbraten. Das muß aus Platzmangel in der Pfanne in zwei oder mehr Lagen geschehen; die fertigen Teile werden in einer Schüssel beiseite gestellt. Während das Hähnchenfleisch gebraten wird, das Lammfleisch von überschüssigem Fett befreien und in mundgerechte Würfel schneiden, die nach dem Hähnchenfleisch in derselben Pfanne angebraten werden, wobei Sie, wenn nötig, noch etwas Öl dazugeben können.

2 Wenn alle Fleischteile angebraten sind, legen Sie sie zurück in die Kasserolle und übergießen Sie mit kochendem Wasser aus dem Kessel. Über starker Hitze wieder aufkochen lassen. In der Zwischenzeit Zwiebeln und Knoblauch hacken, Steckrüben und Möhren in Stücke schneiden. Alles Gemüse zusammen mit dem Safran, den übrigen Gewürzen und den in ein wenig Wasser aufgelösten Brühwürfeln in die Kasserolle geben. Wenn nötig, soviel Wasser aufgießen, bis der Inhalt der Kasserolle bedeckt ist.

3 Wenn die Brühe in der Kasserolle zu kochen beginnt, den an der Oberfläche entstehenden Schaum abschöpfen, die Hitze reduzieren und nur noch sanft köcheln lassen. Wenn nötig, nachwürzen, die Kasserolle abdecken und so lange wie möglich, mindestens aber 20 Minuten simmern lassen.

4 Eine Viertelstunde vor dem Servieren der Vorspeise die Tomaten und die Zucchini in Stücke schneiden und zusammen mit den Rosinen zu den in der Kasserolle simmernden Zutaten geben. Drei Viertel der Kräuter hineinschneiden und drei Viertel der Kichererbsen unterrühren. Die gut verrührte Mischung wieder aufkochen, die Hitze reduzieren und mit geschlossenem Deckel weitersimmern lassen.

5 Kurz vor dem Servieren der Vorspeise kochendes Wasser aus einem Kessel über den Couscous-Grieß (in einer feuerfesten Schüssel) gießen und 5–15 Minuten ziehen lassen (siehe Anweisung auf der Packung).

6 Den eingeweichten Couscous-Grieß abgießen und mit einer Gabel auflockern. Drei oder vier Tassen Brühe aus dem Eintopf abnehmen und nach Geschmack mit etwas Harissa-Paste vermischen. Ein Drittel dieser Mischung zusammen mit der Butter, den restlichen Kichererbsen, dem Rosenwasser und den Datteln (falls gewünscht) unter das Couscous rühren. Das Couscous auf dem Rand einer großen Vorlegeplatte im Kreis und die Fleisch-Gemüse-Mischung in dessen Mitte aufhäufen, mit ein wenig von der eigenen Brühe befeuchten und die restlichen Kräuter darüberschneiden. Die verbliebene Harissa-Brühe und die Harissa-Paste zum individuellen Nachwürzen in getrennten Schälchen mit auf den Tisch stellen.

Knuspriges Apfel-Ingwer-Baiser

Wenn Sie echten Vanille-Extrakt (kein künstliches Vanille-Aroma!) oder Vanillezucker im Haus haben, können Sie den Geschmack des Puddings damit erheblich veredeln.

575 ml Milch
1 Orange
30 g Butter (und etwas mehr zum Einfetten)
200 g Zucker
4 süße Äpfel
4 große Eier
170 g Ingwerkekse

1 Den Ofen auf 180 °C vorheizen (Gas: Stufe 4) und eine große ofenfeste Form buttern.

2 Die Milch in einem Topf bei großer Hitze erwärmen, die Orangenschale hineinreiben. Zum Kochen bringen.

3 Butter und 50 g Zucker hineinrühren, bis sich der Zucker gelöst hat, dann den Topf vom Herd nehmen.

4 Die Äpfel schälen, grob reiben und in die Milch geben.

5 Die Eier trennen und das Eigelb in die Milch schütten. Alles gut verrühren und in die gebutterte Form gießen.

6 Diesen Apfelpudding etwa 15 Minuten lang backen, bis er zu stocken beginnt. Aus dem Ofen nehmen und etwa 5 Minuten ruhen lassen.

7 In der Zwischenzeit die Ingwerkekse in einer Plastiktüte mit der Backrolle zu Krümeln walzen und die Krümel über die Apfelmischung streuen.

8 Eiweiß steif schlagen und dabei am Schluß den restlichen Zucker zugeben. Den Eischnee mit einem Löffel auf dem Pudding verteilen.

9 Noch einmal für gut 15 Minuten in den Ofen schieben, bis die Baiser-Haube braun zu werden beginnt.

MENÜ SURPRISE

Dieses Menü können Sie wunderbar vor den Augen oder zusammen mit Ihren Gästen zubereiten. Als eine Art interaktive Dinner-Party eignet es sich vor allem für jene Gelegenheiten, da zwischen Arbeitsschluß und Eintreffen der Gäste kaum Zeit zum Einkaufen und noch weniger Zeit zum Vorbereiten bleibt. Die Rezepte müssen nicht starr eingehalten werden und lassen sich je nach den Zutaten, die Sie auf die Schnelle haben kaufen können, problemlos variieren. Bereiten Sie zunächst das Dessert vor, damit Sie sich darum nicht mehr kümmern müssen, bauen Sie alles auf, was Sie an Zutaten und Geräten benötigen, drücken Sie jedem ein Glas Wein in die Hand und lassen Sie dem Abend seinen Lauf.

RISOTTO DELLA CASA

SCALOPPINE MIT ORANGE UND MARSALA

THYMIAN-GEMÜSE

HIMBEER-BAISER-CREME

FÜR 6

Getränke

Während der Zubereitung des Risottos und zum Risotto selbst reichen Sie einen Pinot Grigio oder einen gut gekühlten Sherry (Fino oder Medium). Ein Rotwein mit nicht zuviel Tannin paßt gut zu den Scallopine: z. B. Saumur Champigny, Barolo, Barbera oder ein Beaujolais.

Risotto della Casa

Vorausgesetzt, Sie haben ein Auge darauf und rühren während der 20 Minuten, die es zum Garen braucht, hin und wieder um, ist Risotto wirklich ein dankbares, vielseitiges und unkompliziert zuzubereitendes Gericht. In diesem Rezept sind Tomaten, Pinienkerne und Basilikum vorgesehen, die alle nicht mitkochen müssen und nur vor dem Servieren unter den Reis gemengt werden. Reichern Sie Ihr Risotto mit dem an, was Sie gerade zur Hand haben: Reste von gekochtem Hähnchen und Spargelabschnitte lassen sich z. B. gut kombinieren. Wenn Sie mögen, können Sie die letzte halbe Tasse Wasser auch durch trockenen Weißwein ersetzen.

225 g süße, reife Tomaten
55 g Parmesan, Pecorino oder reifer Gruyère-Käse
1 Zwiebel oder das Weiße von zwei großen Frühlingszwiebeln
1 Schalotte
55 g Butter
350 g Arborio-Reis
1 Würfel Gemüsebrühe, nicht zu salzig
2 EL Pinienkerne
Einige Blätter frisches Basilikum
Salz und Pfeffer

1 Wasser in einem großen Kessel zum Kochen bringen. Die Tomaten auf der Kuppe (nicht am Stielansatz) mit einem Kreuzschnitt anritzen und 40–60 Sekunden in kochendem Wasser blanchieren. Herausnehmen und abkühlen lassen. Die Tomaten halbieren, die Samenkerne und weißen Rippen entfernen, die Haut abziehen und das verbleibende Fruchtfleisch kleinhacken. Zur Seite stellen.

2 Den Käse reiben und beiseite stellen. Die Zwiebeln und die Schalotte fein hacken. Die Hälfte der Butter in einer Sauteuse erhitzen und Zwiebel und Schalotte über mittlerer Hitze eine Minute sautieren. Den Reis dazugeben und eine Minute lang verrühren, bis der Reis gut eingefettet ist.

3 Den Brühwürfel in einer Tasse mit heißem Wasser auflösen. Diese Brühe über den Reis gießen und so lange rühren, bis der Reis die Flüssigkeit aufgenommen hat und zu kleben beginnt.

4 Bei mittlerer Hitze unter ständigem Rühren nach und nach jeweils immer eine halbe Tasse Wasser dazugießen. Der Reis sollte insgesamt etwa 1,5 Liter Flüssigkeit aufnehmen.

5 Wenn der Reis weich, aber noch bißfest ist (und alles Wasser absorbiert ist), die gehackten Tomaten und die Pinienkerne unterrühren und die Basilikumblätter darüberschnippeln. Die restliche Butter und den geriebenen Käse unterheben. Abschmecken (ein wenig Salz und eine gute Prise Pfeffer werden noch nötig sein), vom Feuer nehmen, abdecken und vor dem Servieren 2–3 Minuten ruhen lassen.

Ablaufplan

1. Die Creme aufschlagen, Baiser und kandierten Ingwer dazugeben und kalt stellen
2. Möhren und dicke Bohnen kochen und abtropfen lassen
3. Schnitzel klopfen und würzen
4. Risotto kochen
5. Schnitzel braten und die Zubereitung abschließen, während das Risotto ruht
6. Möhren und dicke Bohnen aufwärmen, Zuckererbsen dazugeben, abdecken und warmhalten
7. Risotto servieren
8. Schnitzel servieren
9. Dessert anrichten

Scallopine mit Orange und Marsala (s. S. 42)

Scaloppine mit Orange und Marsala

Das süße Aroma von Orange und süßem Dessertwein ergibt bei diesem unkomplizierten Pfannengericht einen interessanten Kontrast zu dem grünen Pfeffer. Anstelle von Kalbfleisch können Sie auch dünne Schweine- oder Putenschnitzel verwenden. Wenn Sie Hähnchenbrustfilets verwenden, verzichten Sie auf das Flachwalzen, dafür müssen Sie aber beim Garen etwa 5 Minuten zugeben.

675 g kleine, dünne Kalbsschnitzel (Scaloppine), fertig vorbereitet
1 Orange
1 Zitrone
12 grüne Pfefferkörner (abgetropft)
2 EL Mehl (durchgesiebt)
1 TL Salbei-Pulver
1/2 TL getrockneter Oregano oder Majoran
1 1/2 EL Erdnuß- oder Sonnenblumenöl
55 g gekühlte Butterwürfel
4 EL Marsala (oder Madeira oder halbtrockener Sherry)
Ein Spritzer Sojasoße
Einige Stengel Kerbel oder Petersilie
Salz und Pfeffer

1 Die Schnitzel nebeneinander auf eine Lage Küchenfolie legen, eine zweite Lage Folie darüberdecken und die Schnitzel mit der Teigrolle flach drücken. Orangen- und Zitronenschale reiben und aus beiden Früchten den Saft auspressen. Den grünen Pfeffer zerstoßen. In einer flachen Schüssel Mehl, die Hälfte der geriebenen Orangen- und Zitronenschale, Salbei, Oregano (oder Majoran) und grünen Pfeffer vermischen. Mit Salz und Pfeffer würzen. Die Schnitzel nacheinander in dieser Mischung wälzen, bis sie von allen Seiten bedeckt sind.

2 Das Öl und die Hälfte der Butter in einer großen Bratpfanne oder Sauteuse (oder in zwei kleinen Pfannen) erhitzen. Wenn die Butter braun wird, die Schnitzel hineinlegen und zwei Minuten bei großer Hitze anbraten. Die Schnitzel wenden und dabei die Hälfte der verbliebenen Butter daruntergeben. Die Hitze ein wenig reduzieren.

3 Die Pfanne abdecken und das Fleisch weitere 4–5 Minuten braten lassen. Sie können auch, wenn es so zeitlich besser hinkommt, das Braten nach drei Minuten abbrechen, die Schnitzel dann 3–5 Minuten abgedeckt ruhen lassen und dann noch einmal 2–3 Minuten über mittlerer Hitze erwärmen.

4 Die Schnitzel aus der Pfanne heben und auf vorgewärmten Tellern anrichten. Wenn Sie mit zwei Pfannen gearbeitet haben, jetzt den Bratensatz aus einer der Pfannen mit dem Löffel auskratzen und in die andere geben.

5 Die Pfanne wieder erhitzen, Orangen- und Zitronensaft, die restliche geriebene Schale von beiden und den Marsala (ersatzweise Madeira oder Sherry), 100 ml Wasser und einen Spritzer Sojasoße dazugeben. Aufkochen und durch Rühren den Bratensatz vom Boden lösen.

6 Die restliche Butter unterrühren, abschmecken und die Pfanne vom Herd nehmen.

7 Die Soße mit dem Löffel über die Schnitzel verteilen. Mit Kerbel und Petersilie garnieren und so schnell wie möglich servieren.

Thymian-Gemüse

Wenn Sie mögen, können Sie die gekochten Möhren vor dem Glasieren mit einem Teelöffel Zucker bestreuen, dann schmecken sie süßer und bekommen einen attraktiven Glanz.

350 g junge Möhren
225 g frische oder tiefgefrorene dicke Bohnen
140 g Zuckererbsen-Schoten
1/2 Würfel Gemüse- oder Hühnerbrühe
30 g Butter
Einige frische Thymianzweige
Salz und Pfeffer

1 Eine Sauteuse etwa 5 cm hoch mit Wasser füllen und letzteres zum Kochen bringen. Während das Wasser heiß wird, die Möhren putzen, die dicken Bohnen häuten (muß aber nicht) und bei den Zuckerschoten die Spitzen abschneiden und die Fäden ziehen.

2 Den halben Brühwürfel im heißen Wasser in der Sauteuse auflösen. Zunächst die Möhren circa 5 Minuten darin kochen, dann die dicken Bohnen dazugeben und weitere 5 Minuten köcheln lassen, bzw. bis das Gemüse weich ist.

3 Das Gemüse abgießen und mit der Butter und dem Thymian zurück in die Sauteuse geben. Rühren, bis die Butter zerlaufen und das Gemüse gut gefettet ist.

4 Jetzt auch die Zuckerschoten hinzufügen, umrühren und würzen. Über niedriger Hitze abgedeckt 3–5 Minuten ziehen lassen und dabei hin und wieder umrühren. Mit dem restlichen Thymian garnieren und heiß servieren.

Himbeer-Baiser-Creme

Das Baiser und der kandierte Ingwer verleihen diesem cremigen Dessert einen knusprigen Kontrapunkt. Ein hübscher optischer Effekt läßt sich erzielen, wenn Sie die Hälfte der Früchte vor dem Kaltstellen unter die Creme heben.

575 ml Crème double
4–6 kleine Baisers
2 Stücke kandierter Ingwer in Sirup (und 2 EL von dem Sirup)
2 EL Ingwerwein (nach Belieben)
2 EL Whisky
Puderzucker (nach Belieben)
Etwa 450 g Himbeeren
Katzenzungen-Biskuits als Beilage (nach Belieben)

1 Mit einem elektrischen Küchenmixer die Crème double etwas aufschlagen, sie sollte relativ fest werden. Die Baisers zerkrümeln, den Ingwer kleinhacken und alles vorsichtig unter die Sahne heben. Jeweils die Hälfte des Whiskys und des Ingwerweins, sofern Sie ihn verwenden, unterrühren.

2 Mit gesiebtem Puderzucker nach Geschmack süßen. Die Creme bis zum Servieren im Kühlschrank kalt stellen.

3 Den Ingwersirup mit dem übrigen Ingwerwein und Whisky in einer Tasse verrühren und beiseite stellen.

4 Vor dem Servieren die Himbeeren unter die Baiser-Creme heben und portionsweise auf Dessert-Pokale verteilen. Die Ingwer-Whisky-Mischung im letzten Augenblick darüberträufeln. Sofort servieren und dazu – wenn Sie mögen – Katzenzungen-Biskuits reichen.

VEGETARISCHES ABENDESSEN

Nicht-Vegetarier finden es häufig schwierig, für Vegetarier zu kochen. Und es ist in der Tat nicht ganz leicht, ein Menü zusammenzustellen, das sowohl ausgewogen, als auch interessant und abwechslungsreich ist. Entscheiden Sie sich für einfache Gerichte mit kräftigem, vollem Geschmack. So werden Sie alle Ihre Gäste – ob Vegetarier oder nicht – zufriedenstellen. Dem Dessert wird jedenfalls mit Sicherheit niemand widerstehen können: süße, klebrige Brioches mit einer Füllung aus Sahne und in Madeira eingelegten Trockenfrüchten.

Chicorée mit Blauschimmelkäse und Walnüssen

Tagliatelle mit gerösteten Austernpilzen

Für 6–8

Salat mit Grapefruit-Dressing

Gefüllte Brioche

Chicorée mit Blauschimmel-käse und Walnüssen

Suchen Sie für dieses Rezept einen festen Blauschimmelkäse aus, z. B. Roquefort, Gorgonzola oder wie in unserem Rezept einen englischen Stilton-Käse. Denken Sie daran, daß manche Blauschimmelkäse sehr salzig sind, so daß es ratsam ist, die Soße vor dem Nachsalzen erst zu probieren.

55 g Butter
115 g Walnüsse
8 Chicorée-Stauden
300 ml trockener Weißwein
75 g Stilton-Käse
Salz (nach Geschmack) und Pfeffer

1 Die Butter in einem großen Topf zerlassen.

2 Die Walnüsse grob hacken und zwei Minuten in der Butter sautieren.

3 Die Chicorée-Stauden der Länge nach halbieren, dabei nicht den Strunk entfernen, damit die Blätter nicht auseinanderfallen. Mit der Schnittseite nach unten in den Topf legen und eine Minute sautieren. Den Wein und 150 ml Wasser dazugießen, zum Kochen bringen, den Topf abdecken und die Hitze wieder reduzieren. Etwa 5 Minuten simmern lassen, bzw. so lange, bis der Chicorée weich, aber noch bißfest ist.

4 Den Chicorée mit einem Schaumlöffel herausheben und auf einer vorgewärmten Platte anrichten.

5 Die Hitze unter dem Topf wieder erhöhen und den Käse nach und nach in den Wein bröckeln und einrühren. Wenn der ganze Käse geschmolzen ist, sollte die Soße dick und sämig sein.

6 Die Soße abschmecken, über den Chicorée gießen und sofort servieren.

Getränke

Zum Essen paßt ein leicht gekühlter frischer, lebendiger Rotwein wie z. B. ein französischer Chinon oder ein italienischer Collio Cabernet. Zu den Brioches können Sie auch einen milden Madeira oder einen süßen Sherry reichen.

Ablaufplan

1. Ofen vorheizen
2. Getrocknete Früchte vorbereiten und einweichen lassen
3. Wasser zum Kochen der Pasta aufsetzen
4. Pilze vorbereiten und rösten
5. Walnüsse sautieren
6. Chicorée vorbereiten, sautieren und dünsten
7. Brioches mit Madeira beträufeln; Sahne schlagen
8. Chicorée aus dem Topf nehmen und warm stellen
9. Käsesoße anrühren
10. Pilze putzen; wenn fertig, warm stellen
11. Chicorée servieren
12. Pasta kochen
13. Brioches füllen
14. Salat zubereiten und mit der Pasta servieren
15. Brioches servieren

Geröstete Austernpilze auf Tagliatelle

Ob Sie für dieses Rezept frische oder getrocknete Pasta verwenden, bleibt ganz Ihnen überlassen und ist auch abhängig von Ihrem Zeitbudget. Es eignen sich am besten flache Bandnudeln wie Tagliatelle, weil sich darauf die Soße besonders gut verteilen läßt. Um ein wenig Farbe ins Spiel zu bringen, können Sie auch grüne (Spinat-)Nudeln verwenden. Frische Pasta hat wesentlich kürzere Garzeiten als getrocknete. In jedem Fall müssen Sie aber zum Kochen der Pasta gut ein Liter Wasser pro 100 Gramm Pasta erhitzen. Wenn Sie als Richtwert 60–100 Gramm Pasta pro Person annehmen, läßt sich leicht errechnen, wieviel Wasser Sie aufsetzen müssen. Wenn Sie die Hälfte des Wassers im Topf und die andere Hälfte gleichzeitig im Kessel erhitzen, sparen Sie viel Zeit.

675 g Austernpilze
1 Zitrone
1 Orange
3 1/2 EL Olivenöl
1 TL grobes Meersalz
30 g Butter
450–675 g frische Tagliatelle
Ein kleines Bund Schnittlauch

1 Den Ofen auf 180 °C vorheizen (Gas: Stufe 4). Einen Topf mit Wasser aufsetzen.

2 Die Pilze mit einem sauberen, feuchten Tuch abreiben und harte Stengel entfernen. Den Saft der Zitrone und der Orange auspressen und zur Seite stellen.

3 Den Boden einer ofenfesten Form mit einem Eßlöffel Öl einfetten. Die Pilze hineinlegen und das restliche Olivenöl sowie den Zitronen- und Orangensaft darübergießen. Mit dem groben Meersalz bestreuen und alles mit den Händen gut vermischen. Die Butter als Flocken auf den Pilzen verteilen und die Form in den Ofen schieben. 15 Minuten braten lassen, oder so lange, bis die Pilze beginnen, Saft zu ziehen.

4 In der Zwischenzeit die Pasta kochen, abgießen und in eine Schüssel füllen.

5 Die Pilze aus dem Ofen holen und mit einem Löffel über die Nudeln geben. Abschmecken, den Schnittlauch darüberschneiden und sofort servieren.

Salat mit Grapefruit-Dressing

Leeren Sie kurz vor dem Servieren der Pasta ein paar Schälchen mit fertig gewaschenen gemischten Salatblättern in eine große Schüssel. Schneiden Sie ein Bund großblättrige Petersilie darüber klein und fügen Sie eine kleingehackte reife Avocado hinzu. Pressen Sie den Saft einer rosa Grapefruit aus und vermischen Sie ihn in einem Schälchen mit sieben Eßlöffeln Olivenöl und etwas Salz und Pfeffer, bevor Sie das Grapefruit-Dressing über den Salat gießen. Zum Mischen die Salatschüssel vorsichtig schütteln.

Gefüllte Brioches

Wagen Sie nicht einmal daran zu denken, Brioches selbst zu backen. Es kostet unendlich viel Zeit, die Sie sich sparen können, solange Sie bei einem Supermarkt oder Bäcker in Ihrer Nähe frische Brioches kaufen können. Wenn Sie mit dem Dessert richtig Eindruck schinden wollen, kaufen Sie eine große Brioche, die dann in Portionsstücke aufgeschnitten wird. Bedeutend einfacher in der Handhabung sind allerdings einzelne kleine Brioches (eine pro Person).

100 g Rosinen
100 g Orangeat und Zitronat
150 ml Madeira oder süßer Sherry
8 kleine oder eine große Brioche(s)
200 ml Crème double
Puderzucker zum Bestäuben

1 Die Rosinen grob hacken. Die Rosinen und das Orangeat und Zitronat in einem Schüsselchen mit der Hälfte vom Madeira (oder Sherry) übergießen und ziehen lassen, bis sich die Früchte vollgesogen haben.

2 Die Brioches in der Waagerechten halbieren und mit einem Löffel oder einem Küchenpinsel die Schnittflächen mit dem restlichen Madeira tränken.

3 Die Sahne ein wenig aufschlagen – nicht zuviel, denn durch das Vermengen mit dem Madeira, in dem die Früchte eingelegt waren, wird die Sahne sofort fest. Von den eingelegten Früchten einen Eßlöffel zurückbehalten, den Rest mit dem Madeira unter die Sahne heben.

4 Von der Sahnemischung zwei reichliche Eßlöffel voll zurückbehalten, den Rest auf die unteren Hälften der Brioches verteilen. Die oberen Hälften als Deckel wieder aufsetzen und mit der Handfläche vorsichtig andrücken.

5 Von der restlichen Sahne jeder Brioche mit dem Löffel zur Verzierung ein kleines Häubchen aufsetzen und die restlichen Früchte darüberstreuen. Zum Schluß mit Puderzucker bestäuben.

DER WILLKOMMENS SCHMAUS

Immer mal wieder sieht man sich mit einer jener unvorhersehbaren Situationen konfrontiert, die einen zwingen, aus dem Stegreif ein Festessen zu zaubern – sei es, daß vielleicht die Führerscheinprüfung im soundsovielten Anlauf endlich geschafft ist oder daß ein Weltenbummler früher als geplant von seiner großen Reise zurückgekehrt ist und sich nun nach dem ersten »richtigen« Essen seit Monaten verzehrt. Für ausgedehnte Einkäufe bleibt in der Regel dann keine Zeit, doch wenn Vorratskammer und Gefriertruhe gut sortiert sind (siehe Seite 8–10), können Sie trotzdem ein Willkommensmenü präsentieren, von dem sich der Betroffene zu Recht geehrt fühlt.

SCHNELLE MUSCHELSUPPE

INDIVIDUELLE FILETS WELLINGTON MIT SENFSOSSE

GEBRATENER ROSENKOHL MIT GERÖSTETEN PINIENKERNEN

TRIFLE DELUXE

Für 4

Schnelle Muschelsuppe

Junge Venusmuscheln in Dosen sind heutzutage viel leichter zu bekommen, als Sie auf den ersten Blick glauben mögen. Nicht nur in Delikatessen-Läden, auch in normalen Supermärkten werden sie mittlerweile angeboten – häufig unter der italienischen Bezeichnung vongole. Rühren Sie sie einfach unter eine gute Tomatensoße, und schon haben Sie eine ebenso köstliche wie außergewöhnliche Nudelsoße.

3 Streifen durchwachsener Speck (Bacon)
1 große Zwiebel
Eine große Prise Thymian
450 g große, mehlige Lagerkartoffeln
2 gehäufte EL Mehl
285 g junge Venusmuscheln (aus der Dose)
1 Zitrone
575 ml Fischbrühe
400 g gehackte Eiertomaten (aus der Dose)
170 g tiefgefrorene Maiskörner
Eine Portion Butter
Cayenne-Pfeffer oder Tabasco
Salz und Pfeffer
Eine Handvoll glattblättrige Petersilie oder Koriandergrün zum Garnieren

1 Den Speck kleinschneiden und in einem großen, ungefetteten Topf mit schwerem Boden über mittlerer Hitze im eigenen Fett knusprig braten. Mit einem Schaumlöffel herausheben und zur Seite stellen.

2 In der Zwischenzeit die Zwiebel hacken und dann zusammen mit dem Thymian im Speckfett glasig werden lassen.

3 Während die Zwiebel brät, die Kartoffeln schälen, in kleine Würfel schneiden und zu der Zwiebel in den Topf geben. Verrühren, das Mehl darüberstäuben und noch einmal gut durchrühren.

4 Die Muscheln abtropfen lassen (die Lake aber aufbewahren), in eine Schüssel geben und den Saft der Zitrone darüberträufeln.

5 Die Muschellake in den Topf gießen und gut verrühren. Dann die Fischbrühe und die Tomaten mit aller Flüssigkeit hinzufügen. Zum Kochen bringen, würzen und etwa 15 Minuten lang simmern lassen.

6 Nach etwa 10 Minuten dieser Garzeit die Maiskörner, den Speck und die Portion Butter unterrühren. Abschmecken und mit ein wenig Cayenne-Pfeffer oder Tabasco scharf würzen.

7 Erst ganz zum Schluß die Muscheln mit dem Zitronensaft dazugeben und alles nochmals etwa eine Minute lang über niedriger Hitze weitergaren lassen. Die Suppe mit einigen gehackten Kräutern garnieren und servieren.

Variante
Bei der amerikanischen Version dieser Muschelsuppe werden die Tomaten weggelassen. Statt dessen gibt man am Ende zusammen mit den Muscheln eine gute Portion Milch oder Milch und Sahne zu. Dann darf die Suppe aber nicht mehr aufkochen.

Ablaufplan

1. Ofen vorheizen
2. Mit der Zubereitung des Puddings beginnen
3. Trifle schichten
4. Pudding fertigstellen, über den Trifle gießen und kalt stellen
5. Speck und Zwiebeln für die Muschelsuppe anbraten und Kartoffeln vorbereiten
6. Fischbrühe, Muschellake und Tomaten zur Suppe geben und zum Köcheln bringen
7. Füllung für das Filet Wellington zubereiten, Filet anbraten
8. Blätterteig ausrollen und Päckchen „schnüren"
9. Wellington backen
10. Mais und Speck zur Fischsuppe geben
11. Senf-Sahne-Soße zubereiten
12. Pinienkerne ohne Fett rösten und Rosenkohl raspeln
13. Muscheln unterrühren, aufwärmen lassen; die Suppe garnieren und servieren
14. Rosenkohl sautieren und mit dem Filet Wellington und der Senfsoße servieren
15. Sahne schlagen und Trifle fertigstellen

Individuelle Filets Wellington mit Senfsosse

Noch bis vor kurzem haben Kochbücher für die „schnelle" Küche in aller Regel auf die Zubereitung von frischen Backwaren verzichtet. Mittlerweile aber gehören vorgefertigter frischer Blätterteig oder andere Teigwaren zum festen Sortiment aller Supermarkt-Kühltheken. Damit lassen sich in kürzester Zeit leckere kleine Köstlichkeiten wie die folgende zubereiten. Der Vorteil dieser „individuellen" Filets Wellington, bei denen jede Fleischportion ihren eigenen Teigmantel bekommt, ist, daß jeder Gast in den Genuß der wunderbaren Gerüche beim Aufbrechen der Kruste kommt. Außerdem bekommt so jeder automatisch seinen Teil vom herrlich saftigen Teigboden ab.

4–6 Schalotten
Ein kleines Bund Petersilie
115 g junge Champignons
30 g Butter
2–3 Eßlöffel Olivenöl
4 Filetsteaks, je rund 170 g
450 g vorgefertigter Blätterteig
Mehl zum Zerstäuben
Milch zum Bestreichen
Salz und Pfeffer

Für die Senfsoße:
150 ml Crème fraîche
1 1/2 EL körniger Senf

Getränke

Ein gut gekühlter, trockener Weißwein wie z. B. ein Pouilly Fumé zur Fischsuppe und ein kräftiger Rotwein wie z. B. ein guter St. Émilion zum Wellington. Wenn Sie auch zum Trifle noch etwas servieren wollen, bieten Sie einfach ein Glas Sekt an.

1 Den Ofen auf 230 °C vorheizen (Gas: Stufe 8). Schalotten, Petersilie und Schnittlauch fein hacken.

2 Die Butter in einer Bratpfanne zerlassen und die Schalotten darin glasig werden lassen, dann Petersilie und Pilze dazugeben. Gut rühren und 2–3 Minuten über niedriger Hitze schmoren lassen. Gut würzen, aus der Pfanne heben und auf einer flachen Platte abkühlen lassen.

3 In der Zwischenzeit das Olivenöl in einer zweiten Bratpfanne oder in einer Kasserolle (oder sonstigem Topf mit schwerem Boden) erhitzen und die Steaks von beiden Seiten kurz, aber scharf anbraten. Wenn die Steaks sehr dick sind, sollten sie mit einer Zange auch hochkant gestellt werden, damit auch die Seiten braun werden. Auf eine Platte heben und abkühlen lassen.

4 Während die Steaks abkühlen, den Blätterteig auf einer mit Mehl bestäubten Arbeitsfläche dünn ausrollen. Daraus vier Rechtecke schneiden, die jeweils groß genug sind, um ein Steak darin einschlagen zu können.

5 Wenn das Fleisch und die Pilzfüllung abgekühlt sind, je ein Steak auf die Mitte einer Teigtasche legen und zwei oder drei Eßlöffel Füllung darauf anhäufen. Von allen vier Seiten den Teig zu einem Päckchen hochklappen und durch Zusammenkniffen der Ränder versiegeln. Wenn nötig, ein wenig Milch zu Hilfe nehmen. Mit der Gabel ein dekoratives Muster in den Teig stechen, mit Milch glasieren und etwa 15 Minuten im Ofen backen. Danach sollte der Teig aufgegangen sein und schön goldgelb glänzen.

6 Während das Filet Wellington im Ofen gart, die Soße zubereiten: Dazu die Reste der Füllung in die Pfanne geben, in der die Steaks angebraten wurden, und mit Crème fraîche ablöschen. Den Fleischsaft von der Platte, auf der die Steaks abgekühlt sind, und den Senf unterrühren. Abschmecken und warm stellen, bis das Fleisch servierbereit ist.

Gebratener Rosenkohl mit gerösteten Pinienkernen

Dieses Rezept ist eine Offenbarung für alle, die zu weich gekochten Rosenkohl verabscheuen, denn das Braten in der Pfanne bringt das köstliche, nussige Aroma dieses Gemüses erst richtig zur Geltung.

55 g Pinienkerne
450 g fester Rosenkohl
Eine Portion Butter
1 EL Erdnußöl
Salz und Pfeffer

1 Die Pinienkerne in einer ungefetteten Bratpfanne über mittlerer Hitze unter häufigem Rütteln der Pfanne goldbraun werden lassen; beiseite stellen.

2 Den Rosenkohl putzen und dabei die harten äußeren Blätter entfernen. In eine Schüssel hinein grob raspeln.

3 Butter und Öl zusammen in einem Wok oder einer großen Bratpfanne über mittlerer bis starker Flamme erhitzen. Den geraspelten Rosenkohl hineingeben und etwa ein bis zwei Minuten lang unter Rühren schmoren lassen, bis die Gemüseraspel weich, aber noch bißfest sind.

4 Würzen und mit den gerösteten Pinienkernen vermischen.

Trifle Deluxe

1 Tütchen (25 g) Vanille-Puddingpulver
575 ml Milch
2 EL Zucker
1 Päckchen Löffelbiskuits oder 1–2 Biskuitböden, ohne Rand
2 Schälchen Himbeeren
2 Schälchen Blaubeeren
Etwa 5 EL trockener Sherry (oder medium)
300 ml Crème double
Einige Tropfen Vanille-Aroma
Kandierte Früchte zum Garnieren (nach Belieben)

1 In einer Schüssel das Puddingpulver mit ein oder zwei Eßlöffeln Milch und einem Eßlöffel Zucker anrühren. Die restliche Milch in einem Topf aufsetzen.

2 Eine gläserne Salatschüssel, eine Soufflé-Form oder ein anderes geeignetes Gefäß mit einer Schicht Löffelbiskuits oder einem Teil des Biskuitbodens auslegen (wenn das Biskuit zu dick ist, quer halbieren, um dünnere Scheiben zu bekommen). Die Himbeeren darüber verteilen und einige schöne Früchte zur Dekoration zurückbehalten. Mit der Hälfte der verbliebenen Biskuits wieder eine Lage über die Himbeeren decken und darüber Blaubeeren streuen, wobei Sie wieder einige ansehnliche Früchte zurückbehalten sollten. Die restlichen Biskuits darüberdecken und mit dem Sherry beträufeln.

3 Wenn die Milch kurz vor dem Aufkochen ist, das angerührte Puddingpulver dazugeben und untermischen. Die Mischung unter ständigem Rühren kurz aufkochen lassen, bis die Masse dick und zähflüssig ist. Vom Herd nehmen, etwas abkühlen lassen und dann über das geschichtete Trifle gießen, dabei einige Löcher durch das Biskuit stechen, damit die Masse auch bis in die unteren Schichten vordringen kann. Im Kühlschrank kalt stellen.

4 Kurz vor dem Servieren unter Zugabe des restlichen Zuckers und des Vanille-Aromas die Sahne steif schlagen, auf dem Trifle verteilen und mit den zurückbehaltenen und möglicherweise vorhandenen kandierten Früchten garnieren.

Trifle Deluxe

FESTESSEN SCHARF UND PIKANT

Dieses Menü kann von selbstbewußten Köchen sehr gut zubereitet werden, während die Gäste am Küchentisch sitzen und zuschauen, angelockt von den wunderbaren Gerüchen und appetitanregendem Gebrutzel.

Am besten bereiten Sie zunächst das Dessert zu und stellen es dann kalt, bevor Sie sich den knusprigen Krabben-Toasts zuwenden, die ganz heiß serviert werden sollten. Die drei Bestandteile des Hauptgangs können schnell nacheinander gekocht und im Ofen warm gehalten werden, während Ihre Gäste noch die Vorspeise essen. Und damit Sie nachher nicht mehr als nötig abwaschen müssen, können Sie alle Gerichte in derselben Pfanne (vorzugsweise einem Wok) garen, die zwischendurch jeweils nur schnell mit Küchenpapier ausgewischt wird.

Krabben-Toasts

Schweine-Medaillons mit Ingwer und Orange

Geschmortes Frühlingsgrün

Chili-Nudeln

Lychee-Walnuss-Creme

Für 6

Krabben-Toasts

Kaufen Sie für dieses Gericht frische Nordseekrabben, weil die kleinen Krabben in der Regel kräftiger im Geschmack sind als die größeren Scampis oder Shrimps. Die Krabben unter fließendem Wasser gut waschen und mit Küchenpapier trockentupfen. Wenn Sie tiefgefrorene Krabben oder Shrimps benutzen, müssen Sie darauf achten, daß sie vollständig aufgetaut und gut abgetropft sind. An gefrorenen Krabben benötigen Sie dann etwa die doppelte Menge, als hier angegeben. Sie werden sich wundern, wie wenig übrigbleibt, wenn erst einmal das ganze Eis abgetaut ist.

4 Frühlingszwiebeln
225 g geschälte und gekochte Krabben
Ein Stengel Koriandergrün
2 TL Maismehl (Stärkemehl)
1/2 TL Zucker
2 TL helle Sojasoße
1 TL trockener Sherry
Ein Spritzer Tabasco (nach Belieben)
1/2 TL asiatisches Sesamöl
1 Ei
12 dünne Scheiben Weißbrot (kein frisches, etwa einen Tag alt)
4 EL Sesamkörner
Salz und Pfeffer
Erdnußöl zum Braten
Zitronenspalten zum Servieren (nach Belieben)
Korianderblätter zum Garnieren (nach Belieben)

1 Die grob zerstückelten Frühlingszwiebeln zusammen mit den Krabben, mit Koriandergrün, Maismehl, Zucker, Sojasoße, Sherry, Tabasco (gegebenenfalls) und Sesamöl mixen und zerkleinern, bis die Zwiebeln und Krabben feingehackt sind.

2 Das Ei dazugeben, mit Salz und Pfeffer würzen und alles noch einmal kurz durchmixen, bis eine weiche Paste entstanden ist.

3 Einen Wok oder eine große Bratpfanne etwa 1 cm hoch mit Erdnußöl füllen und soweit erhitzen, daß ein kleiner Brotwürfel darin in 40 Sekunden braun wird.

4 Während das Öl heiß wird, vom Brot die Rinde abschneiden, die entrindeten Scheiben mit der Krabben-Mischung bestreichen und mit den Sesamkörnern bestreuen.

5 Jede Brotscheibe diagonal in vier kleine Dreiecke (oder auch in Streifen) schneiden. Die Dreiecke (in mehreren Lagen) zuerst mit der bestrichenen Seite nach unten etwa eine Minute im Öl braten, dann wenden und auch die Unterseite kurz – nur 15–20 Sekunden – braun werden lassen. Die Stücke sofort aus der Pfanne nehmen, auf Küchenpapier abtropfen lassen und warm stellen (nicht abdecken).

6 Wenn alle Scheiben fertig gebraten sind, die Toasts mit Zitronenspalten und Korianderblättern servieren.

Variante
Nehmen Sie Petersilie anstelle von Koriander; Sie können auch den Geschmack der Krabben-Mischung durch Beigabe von frischer Ingwerwurzel oder kleingehacktem Speck verändern.

Ablaufplan

1. Lychee-Walnuß-Creme zubereiten und kühl stellen
2. Schweine-Medaillons vorbereiten und marinieren
3. Nudeln einweichen lassen
4. Salat- und Gemüseblätter vorbereiten
5. Nudeln abgießen, ehe sie zu weich werden!
6. Chilischoten zubereiten (danach Hände waschen!)
7. Krabbentoasts zubereiten und servieren
8. Schweine-Medaillons braten und warm stellen
9. Nudeln schmoren und warm stellen
10. Frühlingsgrün sautieren und mit den Medaillons und den Nudeln servieren

Schweine-Medaillons mit Ingwer und Orange

Die hier angegebene Menge entspricht etwa anderthalb durchschnittlich großen Schweinefilets. Das Fleisch läßt sich in noch gefrorenem Zustand sehr einfach in dünne Scheiben schneiden, die dann sehr schnell auftauen.

675 g Schweinefilet
1 Zitrone
Ein Stück frischer Ingwer (ca. 4 cm lang)
3 Knoblauchzehen
5 EL Orangensaft
1 EL Reiswein oder Rotweinessig
2 EL klarer Honig
1 EL dunkle Sojasoße
1 EL Maismehl
3 EL trockener Sherry
Etwa 3 EL Erdnußöl
Salz und Pfeffer

1 Das Filet vorbereiten und in 2–2,5 cm dicke Scheiben schneiden.

2 Die Scheiben nebeneinander auf Backpapier oder Alufolie legen, eine zweite Lage Papier oder Folie darüberdecken und die Filetscheiben mit einem Fleischhammer oder der Breitseite eines großen, schweren Küchenmessers flachklopfen.

3 Die Schweine-Medaillons in eine flache Schüssel legen.

4 Die äußere Schale der Zitrone mit einem scharfen Messer oder einem Sparschäler abschälen. Den Ingwer schälen und grob hacken. Dann Zitronenschale, Ingwer und Knoblauch in der Küchenmaschine kleinhacken.

5 Den ganzen Saft der Zitrone, die Hälfte des Orangensafts, Essig, Honig, Sojasoße, Maismehl, die Hälfte vom Sherry, Salz und Pfeffer dazugeben und kurz vermixen.

6 Die Mischung über die Filetscheiben gießen und das Fleisch etwa 15 Minuten darin marinieren; hin und wieder wenden, damit die Fleischstücke rundum von der Marinade bedeckt werden.

7 Ein wenig von dem Öl in einem Wok oder einer großen Bratpfanne über mittlerer bis starker Flamme erhitzen und die Medaillons (in mehreren Lagen) pro Seite etwa 1 1/2 Minuten schön braun braten. Das Fleisch nicht zu sorgfältig abtropfen lassen, wenn es aus der Marinade genommen wird – einfach aus der Schüssel in die Pfanne heben. Nach dem Braten auf einer Servierplatte warm stellen.

8 Wenn alle Filets gebraten sind, die Röststoffe in der Pfanne mit der übrigen Marinade und dem restlichen Orangensaft und Sherry ablöschen.

9 Aufkochen lassen, bis der Sud eine feste Soßen-Konsistenz aufweist, dann das Fleisch in die Pfanne zurücklegen und in der Soße wieder aufwärmen. Heiß servieren.

Getränke

Zwar gilt im allgemeinen die Maxime, zu sehr scharf gewürztem Essen keinen Wein, sondern Bier oder Tee zu trinken, doch ein guter trockener Rosé – oder gar ein Rosé-Champagner – paßt vortrefflich zu diesem Menü. Als Alternative bietet sich auch ein trockener Cidre an; achten Sie auf die Bezeichnung *méthode champenoise*.

Krabben-Toasts (s. S. 57)

Geschmortes Frühlingsgrün

Bei diesem Rezept können Sie eine Menge Zeit sparen, wenn Sie Schälchen mit fertig geputzten Salatblättern kaufen, die von den meisten Supermärkten in brauchbaren Mischungen angeboten werden. Schöner ist es, wenn Sie sich ihre eigene Mischung nach Geschmack zusammenstellen, etwa aus Spinat, Mangold oder Brunnenkresse sowie einigen helleren, knackigeren Blattsorten wie Chinakohl oder Chicorée (feste Salatsorten tun es auch). Etwas festere Blätter wie jene von Löwenzahn kann man auch verwenden, sie müssen aber sehr fein gehackt werden. Als farblicher Kontrast machen sich roter Chicorée oder Radicchio gut. Was immer Sie wählen, die Mischung sollte in bezug auf Geschmack, Konsistenz und Farbe eine ausgewogene sein.

675 g gemischtes Frühlingsgrün (siehe oben)
2–3 EL Pflanzenöl
3 Frühlingszwiebeln
1/2 TL Zucker
1 1/2 EL helle Sojasoße
1 TL asiatisches Sesamöl
Salz und Pfeffer

1 Falls noch nötig, die Blätter waschen und trockentupfen. Festere Rippen und Stengel mit einem scharfen Messer entfernen.

2 Ein wenig von dem Pflanzenöl in einem Wok oder in einer großen Bratpfanne erhitzen und die Hälfte der Blätter hineinwerfen (wenn Sie keine fertige Mischung verwenden, für die erste Runde die festeren Blätter aussuchen). Über starker Hitze unter ständigem Rühren schmoren, bis die Blätter zusammenzufallen beginnen (dies sollte nach 40–60 Sekunden der Fall sein).

3 Mit einem Schaumlöffel die Blätter aus der Pfanne in eine vorgewärmte Schüssel heben und warm stellen.

4 Die übrigen Blätter auf die gleiche Weise sautieren. Wenn Sie Ihre eigene Mischung verwenden, die zweite Portion eher noch kürzer andünsten; wenn nötig, mehr Öl zugeben. Auch diese Blätter aus der Pfanne in die Schüssel heben.

5 Die Frühlingszwiebeln in das heiße Öl schneiden und unter Rühren kurz anschmoren, dann Zucker, Salz, Pfeffer (nach Belieben) und helle Sojasoße dazugeben und weiterrühren, bis alles gut vermischt ist.

6 Den Inhalt der Pfanne über die Blätter in der Schüssel geben, das Sesamöl darüberträufeln und gut durchschütteln.

Variante
Um ein wenig Farbe ins Spiel zu bringen, können Sie anstelle der Frühlingszwiebeln auch in Scheiben geschnittene rote Zwiebeln verwenden.

Tip

Wenn Sie Gäste haben, die auf ihre Gesundheit achten müssen, nehmen Sie anstelle des Öls Gemüsebrühe zum Andünsten. Als Dessert bietet sich dann ein frischer Obstsalat an.

Chili-Nudeln

Chinesische Nudeln haben den Vorteil, daß sie nicht wirklich gekocht, sondern nur ganz kurz in kochendem Wasser eingeweicht werden müssen.

225 g chinesische Reis- oder Eiernudeln
2–3 kleine rote Chilischoten
2 EL Erdnußöl
1 EL helle Sojasoße
1 EL Chiliöl oder chinesische Chilipaste

1 Die Nudeln etwa eine Minute weniger als auf der Packung angegeben (4–8 Minuten) in kochendem Wasser einweichen, dann sorgfältig abgießen; sie sollten noch bißfest sein.

2 Während die Nudeln ziehen, die Chilischoten entkernen und in sehr feine Stücke schneiden. Sofort danach gründlich die Hände waschen und auf keinen Fall die Augen reiben, bevor dies geschehen ist.

3 Das Erdnußöl in einem Wok oder in einer großen Bratpfanne erhitzen und die gehackten Chilischoten kurz darin anbraten.

4 Zunächst die Sojasoße und das Chiliöl (oder die Chilipaste), dann die abgetropften Nudeln hineingeben und rühren, bis die Nudeln wieder aufgewärmt sind und sich gut mit allem vermischt haben.

Lychee-Walnuss-Creme

Dieses sahnige Dessert setzt den idealen Kontrapunkt zu dem ungemein scharfen, pikanten Hauptgericht.

575 ml Schlagsahne
1 EL Pomeranzenwasser oder Orangenlikör
450 g Lychees aus der Dose (in Sirup)
Etwa 115 g Walnußhälften
Geriebene Zitronenschale zur Dekoration (nach Wunsch)

1 Die Sahne steif schlagen.

2 Das Pomeranzenwasser oder den Likör unterheben und zum Süßen ein wenig vom Lychee-Sirup einrühren.

3 Mit dem Löffel auf Dessertschüsselchen oder -pokale verteilen.

4 Die Lychees gut abtropfen lassen und die Walnüsse grob hacken.

5 Die Lychees gleichmäßig auf die mit Sahne gefüllten Schüsselchen verteilen, die gehackten Walnüsse darüberstreuen und kühl stellen.

6 Wenn Sie mögen, vor dem Servieren ein wenig Zitronen- oder Orangenschale darüberreiben.

Wenn genug Zeit ist
Anstatt die Walnüsse zu hacken, können Sie auch jede Lychee mit einer Walnußhälfte füllen (dafür die Öffnungen zuvor mit dem Finger ein wenig weiten).

Mit Hand und Gabel

20 Ideen für schnelle Kanapees
- Böden
- Beläge
- Schnelles Essen auf die Hand

Das Buffet aus dem Nichts
- Kleine Muffin-Pizzas
- Salade Niçoise
- Schnelle Hähnchen-Tetrazzini
- Radicchio-Chicorée-Salat mit Zucchini-Croûtons
- Obst-Tarte

Grillfest für Geniesser
- Paprika-Streifen mit scharfer Avocado-Soße
- Gegrillte italienische Würstchen
- Warmer Salat von gedünstetem Spinat
- Gegrillte Bananen mit Rum-Crème fraîche

20 IDEEN FÜR SCHNELLE KANAPEES

Ob Sie es glauben oder nicht, Kanapees sind schnell gemacht – vor allem, wenn Sie nach dem Fließband-Prinzip arbeiten: Legen Sie zunächst die in mundgerechter Größe vorbereiteten Böden nebeneinander auf der Arbeitsfläche aus. Dann die verschiedenen Beläge zubereiten und mit einem Teelöffel vorsichtig verteilen und andrücken. Schließlich die einzelnen Kanapees mit einem Blättchen oder einem winzigen Zweig passender Kräuter garnieren. Wählen Sie Kräuter, die in dem jeweiligen Belag schon verarbeitet sind oder die einen interessanten Kontrast dazu bilden.

Richten Sie die Kanapees in Reihen auf einer großen Vorlegeplatte an und legen Sie sie dabei nicht zu dicht nebeneinander, sonst wird das Herunternehmen mühsam und der optische Eindruck getrübt. Wie viele verschiedene Sorten von Kanapees Sie anbieten wollen, hängt ganz allein von Ihnen und von der verfügbaren Zeit ab; als Anhaltspunkt gilt: mindestens zwei, nicht mehr als sechs verschiedene. Die pro Person benötigte Menge hängt davon ab, wie lange die Bewirtung dauern soll und ob Sie noch etwas anderes anbieten. Sechs bis acht Kanapees pro Person sollten Sie aber rechnen. Und denken Sie daran, die Kanapees nicht zu groß zu machen (mit höchstens zwei Bissen sollte ein elegantes Kanapee zu essen sein).

BÖDEN

In der Regel benötigen Kanapees irgendeine Basis, auf die sich der Belag auftragen läßt. Diese Böden können glatt sein oder eine Vertiefung besitzen. In unserem Fall teilen sie sich in zwei Kategorien: frisch oder gebacken. Die meisten Beläge eignen sich für beide Arten von Böden, verwenden Sie deshalb, was Sie gerade zur Hand haben. Klassische frische Böden sind Gurkenscheiben (geschälte Salatgurke) von gut einem Zentimeter Dicke (in der Mitte läßt sich leicht eine kleine Vertiefung aushöhlen) oder Selleriestangen (in der Innenkerbe zu füllen). Auch Cocktail-Tomaten und kleine Kartoffeln können ausgehöhlt werden, doch dies ist ein mühseliges und zeitraubendes Unterfangen. Es geht wesentlich schneller, abgezupfte kleine Salatblätter als natürliche Schälchen zu verwenden, z. B. von Chicorée, Radicchio, Römersalat oder Eisbergsalat.

Als gebackene Böden eignen sich kleine Haferkekse, sonstiges Minigebäck, kleine Vol-au-vents oder Pumpernickel. Auch ein frisches italienisches Brot kann in entsprechend kleine oder große Scheibchen beliebiger Form geschnitten werden. Bei Baguette oder Ciabatta sollten die Scheiben zuvor mit Olivenöl bestrichen und im Ofen getoastet werden. Das geht natürlich auch mit normalem Brot. Schneiden Sie aus dem Brot kleine Quadrate aus (2,5 x 2,5 cm), streichen Sie die Scheibchen auf beiden Seiten mit einer Mischung aus Olivenöl und zerdrücktem Knoblauch ein und backen Sie sie auf einem Backblech im vorgeheizten Ofen (190 °C, Gas: Stufe 5) etwa 15 Minuten lang, bis sie goldbraun sind. In einem luftdichten Gefäß lassen sich diese getoasteten Scheiben einige Tage lang aufbewahren.

BELÄGE

(Wenn nicht anders angegeben, reicht die jeweilige Menge für etwa 24 Kanapees)

Blauschimmelkäse und Speck

55 g Blauschimmelkäse in einer Schüssel mit einer Gabel zerdrücken und einen Eßlöffel Sahne unterrühren. 2–3 Streifen durchwachsenen Speck knusprig braten und hacken. Die Käsemasse auf die Böden verteilen und mit den Speckwürfelchen garnieren.

Gebackener Knoblauch

Den Ofen auf 190 °C (Gas: Stufe 5) vorheizen. Eine große Knoblauchknolle auseinanderbrechen, die einzelnen Zehen mit Olivenöl bestreichen und auf einem Backblech 15–20 Minuten lang backen. Dann die Haut aufritzen und das weiche Innere der Zehen herauspressen (in eine Schüssel). Als Unterlage Brotscheiben und als Garnitur getrocknete Tomaten, Oliven oder Basilikum verwenden.

Ziegenkäse-Crostini

Den Ofen auf 190 °C (Gas: Stufe 5) oder den Grill auf höchster Stufe vorheizen. Einen reifen, runden Ziegenkäse von 3–4 cm Durchmesser (insgesamt 200 g) in dünne Scheiben schneiden (mindestens 12) und diese auf je eine Scheibe Baguette legen. 7–10 Minuten unter den Grill oder in den vorgeheizten Ofen schieben, bis der Käse beginnt, Blasen zu werfen. Mit Thymian-Zweiglein dekorieren.

Artischockenherzen mit Frischkäse

Gut 50 g Frischkäse auf Brot Ihrer Wahl verstreichen. Aus der Dose oder dem Glas vier Artischockenherzen herausnehmen und in kleine Stücke schneiden. Diese Stücke in den Frischkäse drücken und mit gehackter Petersilie und frisch gemahlenem Pfeffer bestreuen.

Ricotta und Pesto
Knapp 100 g Ricotta-Käse mit 2 Eßlöffel Pesto (fertig aus dem Glas), ein wenig Salz und frisch gemahlenem Pfeffer verrühren, auf Böden nach Geschmack verteilen und mit gerupften Basilikumblättern garnieren.

Geräuchertes Rehfleisch mit Petersilie
Gut 100 g geräuchertes Rehfleisch fein hacken und in einer Schüssel mit 1 EL Olivenöl, 1 TL Zitronensaft, einer gehackten Zwiebel und einem gehackten Bund Petersilie vermischen. Mit schwarzem Pfeffer abschmecken, auf die Böden verteilen und mit einem Blatt oder Stengel Petersilie dekorieren.

Rührei mit Räucherlachs und Dill
Mit zwei Eiern und etwa 15 g Butter Rührei braten. Wenn das Ei zu stocken beginnt, vom Feuer nehmen, 1 Eßlöffel Sahne unterrühren und auf Böden aus Brot verteilen. 50 g Räucherlachs in feine Streifen schneiden und obenauf legen. Ein Zweiglein Dill dient als Garnitur.

Avocado mit Hühnerfleisch
Eine kleine, reife Avocado schälen und hacken und mit gut 50 g gegartem Hühnerfleisch (in Streifen geschnitten) vermengen. Aus 2 EL Olivenöl, 2 TL Zitronensaft und der geriebenen Schale einer halben Zitrone eine Vinaigrette anrühren, über die Avocado-Hühnchen-Mischung gießen und alles gut verrühren. Unterlage-Häppchen nach Belieben.

Räucheraal mit Crème fraîche und Meerrettich
Knapp 100 g filetierten Räucheraal in Streifen schneiden und diese auf Brotunterlage anrichten. In einem Schüsselchen 4 EL Crème fraîche mit 1 EL Meerrettich und gehacktem Dill von einem Bund verrühren. Diese Mischung über den Aal geben, mit schwarzem Pfeffer würzen und einem Zweiglein Dill garnieren.

Parmaschinken-Ricotta-Olivenaufstrich
3 EL passierte grüne Oliven mit gut 50 g Ricotta und 1 EL Olivenöl verschlagen. 50 g Parmaschinken kleinschneiden und darunter heben. Mit schwarzem Pfeffer abschmecken und in kleinen Portionen auf die Böden verteilen, da die Mischung einen sehr intensiven Geschmack hat. Mit Majoranblättern garnieren.

Artischocken-Eier-Schnittlauchpaste
Zwei Eier hart kochen, schälen und in einem Schälchen mit der Gabel zerdrücken, solange sie noch warm sind. 1 EL Artischockenpaste (fertig gekauft), einen Spritzer Zitronensaft, 1 EL Olivenöl und gehackten Schnittlauch von einem Bund damit verrühren. Verteilen und mit Schnittlauch dekorieren.

Kapern-Sardellen-Aufstrich
Ein Bund glattblättrige Petersilie, eine Frühlingszwiebel, 1 TL Kapern, 1 TL Pinienkerne und zwei Sardellenfilets hacken und in einem Schüsselchen gut vermischen (Sie können auch eine Küchenmaschine zur Hilfe nehmen). 1 EL Olivenöl und 1 TL Balsamessig unterrühren und auf Böden nach Wahl verteilen.

SCHNELLES ESSEN AUF DIE HAND

Um leckere kleine Häppchen für zwischendurch anbieten zu können, müssen Sie nicht unbedingt auf das klassische Kanapee zurückgreifen. Die folgenden ganz einfachen Snacks sorgen für Abwechslung und sind im Nu zubereitet. Wenn nicht anders angegeben, reichen die Portionen jeweils für etwa 12 Personen.

Kleine neue Kartoffeln mit Saure-Sahne-Dip
Kleine Kartoffeln aussuchen und unter fließendem kaltem Wasser putzen. Nicht schälen, denn die Schale sorgt für herzhaften Geschmack und ein attraktives Äußeres.

900 g kleine neue Kartoffeln
2 Frühlingszwiebeln
Ein Bund Dill
2–3 getrocknete Tomaten in Öl (abgetropft)
1 mittelgroßes Töpfchen saure Sahne (Sour Cream)
Salz und Pfeffer

1 Die Kartoffeln in leicht gesalzenem Wasser kochen, abgießen und abkühlen lassen.
2 In der Zwischenzeit die Frühlingszwiebeln, den Dill und die getrockneten Tomaten fein hacken und unter die saure Sahne heben.
3 Abschmecken und in ein Schüsselchen füllen, das inmitten der Kartoffeln auf einer großen Platte serviert wird.

Marinierte Oliven
Ganze Oliven in Lake sind wesentlich preiswerter als die fertig entkernten an den Delikatessentheken. Sie können sie in Portionen nach Ihrem Bedarf abfüllen und gut eine Woche lang im Kühlschrank aufheben.

Für die grünen Oliven:
115 g grüne Oliven in Lake (abgegossen)
1 kleine Zitrone
1 Knoblauchzehe
Ein Bund Majoran
1 EL Olivenöl (extra vergine)

Für die schwarzen Oliven:
115 g schwarze Oliven (abgegossen)
1 Orange
1 TL rosa Pfeffer
Ein Bund glattblättrige Petersilie
1 EL Olivenöl (extra vergine)

1 Die grünen Oliven in eine Schüssel geben. Die Zitrone und den Majoran grob hacken, den Knoblauch zerdrücken und mit den Oliven und dem Olivenöl gut vermischen.
2 Die schwarzen Oliven in eine andere Schüssel geben. Die Orangenschale reiben, den rosa Pfeffer grob zerstoßen und die Petersilie fein hacken. Alle Zutaten über die Oliven geben und mit dem Olivenöl gut vermischen.

Geröstete Mandeln
Kaufen Sie ungesalzene, geschälte Mandeln als Hälften oder als Mandelsplitter. Reste können in einem luftdichten Gefäß aufbewahrt werden.

450 g geschälte Mandeln
1 TL Meersalz
1 TL gemahlener Kreuzkümmel
Öl zum Einfetten

1 Den Ofen auf 200 °C (Gas: Stufe 6) vorheizen. Die Mandeln auf einem leicht gefetteten Backblech verteilen. Salz und Kreuzkümmel vermischen, über die Mandeln streuen und diese mit den Fingern in der Gewürzmischung wenden.
2 Die Mandeln 5–7 Minuten lang backen bzw. so lange, bis sie sich zu verfärben beginnen.

Salami-Platte
Die einfachste aller Vorspeisen: Versuchen Sie für eine auch das Auge ansprechende Platte verschiedene, möglichst auch unterschiedlich geschnittene Salamisorten (und auch ein wenig italienischen Prosciutto) zu bekommen, die auf einer Platte appetitlich ausgebreitet werden. Rechnen Sie mit 15 g Salami pro Person.

Parmaschinken-Birnen
Sie benötigen vier feste Birnen und 115 g Parmaschinken. Die Birnen halbieren und das Gehäuse entfernen. Die Birnen in etwa 2,5 cm dicke Spalten schneiden und diese Spalten mit je einer dünnen Scheibe Parmaschinken umwickeln (je nach Größe der Birnenspalten müssen die Schinkenscheiben eventuell noch der Länge nach halbiert werden). An dem einen Ende mit dem Wickeln beginnen und dabei die Spitze der Birne freilassen. Den Schinken bis zum anderen Ende wie einen Verband um die Birnenspalte legen. Mit fein gemahlenem schwarzem Pfeffer bestäuben.

Scharfer Artischocken-Dip
Servieren Sie diesen cremigen Dip direkt aus dem Ofen mit knackigen Crackern oder mexikanischen Chips.

2 x 400 g Artischockenherzen (aus der Dose)
300 ml Mayonnaise
100 g Parmesankäse
Salz und schwarzer Pfeffer

1 Den Ofen auf 180 °C (Gas: Stufe 4) vorheizen.
2 Den Parmesan reiben, dann alle Zutaten in der Küchenmaschine gut vermischen.
3 In einer feuerfesten Form 30 Minuten im Ofen backen. Eventuell in eine Schüssel umfüllen und sofort servieren.

Gebackener Camembert
Wählen Sie dafür einen reifen, aber trotzdem noch halbwegs festen Camembert mit einem Durchmesser von etwa 15 cm aus. Da es manchmal schwierig ist, im Laden einen reifen zu finden, kann es sinnvoll sein, den Camembert schon ein paar Tage vorher zu kaufen und ihn zu Hause reifen zu lassen. Mit einem scharfen Messer die Oberseite des Käses ablösen und wieder drauflegen. In einem vorgeheizten Backofen bei 200 °C (Gas: Stufe 6) 15 Minuten backen. Vor dem Servieren den Käsedeckel wieder abheben und den Camembert von Käsegebäck und Crackern umgeben auf einer Platte anrichten, so daß alle den wunderbar weich zerflossenen Käse als eine Art Dip benutzen können.

Bücklings-Dip
Servieren Sie diesen Dip aus kurz geräuchertem Fisch mit in Stäbchen geschnittenem Rohkostgemüse und Crackern.

85 g Bücklingsfilets
1 Zitrone
Brunnenkresse
Ein Spritzer trockener Martini oder Weißwein
85 g Quark oder Frischkäse
1 EL Crème double
Schwarzer Pfeffer

1 Die Bücklingsfilets, den Saft der Zitrone, die Kresse und alle anderen Zutaten in einer Küchenmaschine zu einer cremigen Paste verarbeiten.
2 Abschmecken und in einer Schüssel anrichten.

DAS BUFFET AUS DEM NICHTS

Nichts wird Ihren Ruf als perfekte Gastgeberin oder perfekter Gastgeber mehr beflügeln als Ihr Geschick, mit unerwarteten Situationen – sei es eine kurzfristig geplante Überraschungsparty oder ein improvisiertes Abendessen mit Geschäftsfreunden – elegant und professionell umzugehen.

Das beeindruckende kulinarische Aufgebot dieses Buffets läßt sich im wesentlichen aus dem Fundus eines gut gefüllten Kühl- und Vorratsschranks zusammenstellen und wirkt doch üppig und wie generalstabsmäßig geplant. Wenn Sie Vegetarier unter Ihren Gästen haben, müssen Sie im Salade Niçoise nur den Fisch durch eine Handvoll Kapern ersetzen und bei den Tetrazzini anstelle des Hähnchenfleischs Auberginen verwenden.

Kleine Muffin-Pizzas

Salade Niçoise

Schnelle Hähnchen-Tetrazzini

Radicchio-Chicorée-Salat mit Zucchini-Croûtons

Für 8–12

Obst-Tarte

Kleine Muffin-Pizzas

Diese Mini-Pizzas können sie mit allem belegen, was Sie gerade zur Hand haben: z. B. mit Salamischeiben und Peperoni, dünn geschnittenen Champignons und roten Zwiebeln (kurz in Öl oder Butter sautiert). Mit Krabben und Dill zaubern Sie die Variante *alla marinara* auf den Tisch.

6 Muffins
2 EL Tomatenmark
150 ml passierte Tomate
Eine große Prise Zucker
1 TL Oregano
1/2 TL Balsamessig
Eine große Prise Cayenne-Pfeffer
1 Mozzarella
12 schwarze Oliven (mit Stein)
Salz und Pfeffer

1 Den Grill auf mittlerer Stufe vorheizen.

2 Die Muffins halbieren und mit den Unterseiten nach oben unter dem Grill toasten, bis sie hellbraun geworden sind.

3 In der Zwischenzeit in einem kleinen Topf über mittlerer Hitze passierte Tomate, Tomatenmark, Zucker, Oregano und Essig verrühren und mit Salz, Pfeffer und Cayenne-Pfeffer abschmecken.

4 Die Tomatenpaste auf die ungetoasteten Schnittflächen der Muffins streichen und den in Streifen geschnittenen Käse darüber verteilen. Zum Schluß mit jeweils einer Olive garnieren.

5 Wieder unter den Grill schieben und so lange toasten, bis der Käse Blasen wirft.

Getränke

Ein guter, nicht zu voller trockener Weißwein (wie z.B. ein Orvieto) oder ein trockener Rosé (z. B. Côtes de Provence) passen gut.

Ablaufplan

1. Ofen für die Tarte vorheizen und zum Kochen der Kartoffeln und Eier zwei Töpfe mit Wasser aufsetzen
2. Gebäck zubereiten und in den Ofen schieben
3. Kartoffeln und Eier kochen, das Gemüse für den Salat putzen
4. Wasser zum Nudelkochen aufsetzen und Hühnerbrühe für die Tetrazzini erhitzen
5. Pilze putzen und sautieren, Hähnchen vorbereiten
6. Gebäck glasieren und wieder in den Ofen schieben
7. Gebäck aus dem Ofen holen und abkühlen lassen
8. Hähnchen braten und die Soße dafür zubereiten
9. Grill vorheizen; Radicchio-Blätter putzen, Zucchini vorbereiten, Salade Niçoise schichten
10. Muffins toasten, Pizza-Soße zubereiten
11. Zucchini-Streifen braten
12. Mini-Pizzas belegen und grillen; Nudeln kochen
13. Nudeln abgießen, Tetrazzini anrichten und grillen
14. Salat schichten und mit der Soße übergießen; Tarte mit Sahne und Früchten belegen

Salade Niçoise

Es ist ganz erstaunlich, wie köstlich und frisch ein Salat trotz eines hohen Anteils an Gemüse aus der Dose doch schmecken kann. Das Geheimnis ist zu wissen, wo Produkte aus der Dose Verwendung finden können und wo frische zwingend notwendig sind. Bei diesem Rezept z. B. sind frische Tomaten ein Muß, wie lecker italienische Eiertomaten aus der Dose auch immer sein mögen. Lassen Sie sich auch nicht dazu verführen, vorgekochte Kartoffeln aus dem Glas zu verwenden: Die Wärme und Konsistenz frisch gekochter Kartoffeln machen den Reiz dieses Salats aus. Hände weg auch von grünen Bohnen aus der Dose; weiße Bohnen aus der Dose sind allerdings gestattet, wenn keine frischen grünen Bohnenkerne zu bekommen sind.

450 g (kleine) Kartoffeln
6 Eier
400 g süße rote Paprika aus der Dose
400 g Artischockenherzen aus der Dose
400 g grüne Bohnenkerne oder weiße Bohnen aus der Dose
1 Kopf Römersalat
1 Bund Frühlingszwiebeln
1 Salatgurke
450 g Tomaten
400 g Thunfisch in Öl (aus der Dose)
100 g Sardellenfilets (aus dem Glas)
225 g schwarze Oliven (mit Stein), vorzugsweise in Knoblauchtunke
Frische Kräuter: z. B. glattblättrige Petersilie, Schnittlauch, Basilikum, Kerbel und Estragon

Für das Dressing:
2 Knoblauchzehen
150 ml Olivenöl (extra vergine)
2 EL Weißweinessig
2 EL Zitronensaft
Salz und Pfeffer

1 Die geschälten Kartoffeln nur so lange kochen, bis sie gerade weich sind. In einem zweiten Topf die Eier etwa 12 Minuten kochen.

2 Alles Gemüse aus Dosen abgießen und in einem Durchschlag unter kaltem Wasser abspülen. Die Paprika in Streifen schneiden und die Artischockenherzen halbieren.

3 Den Salat putzen, die einzelnen Blätter gut waschen und in der Salatschleuder oder mit Küchenpapier trocknen. Die zerkleinerten Salatblätter zuunterst in die Salatschüssel geben. Die Frühlingszwiebeln putzen und mit der Schere über den Salat schneiden. Die Gurke der Länge nach in zwei oder drei Scheiben, diese quer in Stücke und diese wiederum in etwa 2 cm große Würfel schneiden. Die Tomaten vierteln oder achteln und Gurken- und Tomatenstücke in die Schüssel geben.

4 Den Thunfisch abgießen und den Inhalt einer Dose in die Schüssel bröckeln. Die Sardellen kleinschneiden und die Hälfte davon zusammen mit einem Teil der Oliven über den Salat verteilen. Dann die Hälfte der Kräuter hineinschnippeln.

5 Das Gemüse trockentupfen oder -schleudern und in die Schüssel geben.

6 Inzwischen sollten die Eier und Kartoffeln fertig sein. Die Kartoffeln abgießen und im Topf über niedriger Hitze vorsichtig trocknen und dann auf einem Teller abkühlen lassen. Die Eier abgießen und mit kaltem Wasser abschrecken.

7 Für das Dressing Knoblauch in das Öl pressen, Essig und Zitronensaft unterrühren und mit Salz und Pfeffer würzen. Stetig rühren, bis alle Zutaten sich gut vermengt haben.

8 Die Kartoffeln (wenn nötig) in mundgerechte Stücke schneiden und zum Salat geben. Das Dressing über den Salat gießen und zum Mischen gut schütteln. Abschmecken und, falls nötig, nachwürzen.

9 Die Eier schälen, vierteln und zusammen mit dem restlichen Thunfisch, den Oliven und den Sardellen oben auf dem Salat verteilen. Die restlichen Kräuter darüberschneiden und servieren.

Schnelle Hähnchen-Tetrazzini

Hähnchen-Tetrazzini waren in den 60er Jahren als Party-Gericht äußerst beliebt, doch die Zubereitung war enorm aufwendig. Für die hier vorgeschlagene Variante benötigen Sie nur einen Bruchteil der Zeit, ohne daß in bezug auf Geschmack und Aroma größere Einbußen gegenüber dem Originalrezept zu befürchten sind. Wenn Geld keine Rolle spielt, können einige dünn geschnittene weiße Trüffel (vielleicht sogar eine ganze Dose voll), die ganz zum Schluß untergerührt werden, bei Ihren Gästen einen tiefen Eindruck hinterlassen.

575 ml Hühner- oder Gemüsebrühe
85 g Butter
2 Zitronen
350 g Pilze, vorzugsweise rosa Champignons
6–8 Hähnchenbrüste, vorzugsweise von Maispoularden
Ein Spritzer Olivenöl
3 EL Mehl
300 ml Crème fraîche
150 ml Marsala oder halbtrockener Sherry
1/2 Muskatnuß
450 g frische Spaghetti oder Tagliarini
55 g Parmesan
Salz und Pfeffer

1 Für die Nudeln einen Topf mit leicht gesalzenem Wasser aufsetzen, bei Bedarf kann ein Teil des Wassers auch parallel in einem Kessel erhitzt werden. In einem Soßentopf die Hühnerbrühe erhitzen.

2 Die Hälfte der Butter in einer großen Bratpfanne über schwacher Hitze zerlassen und den ausgepreßten Saft der beiden Zitronen dazugießen.

3 Die Pilze putzen, in dünne Scheiben schneiden und in der Butter-Zitronen-Mischung sautieren, bis sie weich sind.

4 Während die Pilze garen, von den Hähnchenbrüsten die Haut entfernen und das Fleisch in dünne Streifen schneiden.

5 Die Pilze mitsamt dem Bratensaft aus der Pfanne in eine Schüssel kippen und warm stellen. Die restliche Butter in der Pfanne mit einem Schuß Öl zergehen lassen und die Hähnchenstreifen darin unter Rühren kurz anbraten, bis sie gleichmäßig weiß und fest geworden sind. Sie sollten aber nicht ganz gar werden, da sie später in der Soße noch weiter garen.

6 Das Mehl über das Fleisch stäuben und weiterrühren, bis das Mehl ansetzt. Unter ständigem Rühren nach und nach die heiße Brühe dazugießen, bis die Soße sämig wird. Köcheln lassen, bis die Soße eingedickt ist.

7 Die Crème fraîche und den Marsala (oder Sherry) unterrühren, Muskat darüberreiben und abschmecken. Über geringer Hitze weiter simmern lassen. Den Ofen auf höchster Stufe vorheizen.

8 Während die Soße simmert, die Nudeln in sprudelnd kochendem Wasser al dente kochen (ein oder zwei Minuten). Die Nudeln abgießen, zurück in den Topf schütten und die Hälfte der Hähnchensoße und die Pilze (mit all ihrer Flüssigkeit) dazugeben. Zum Mischen gut schütteln und alles in eine vorgewärmte tiefe, ofenfeste Form umfüllen.

9 In der Mitte eine kleine Mulde formen und diese mit dem Rest der Hähnchensoße füllen.

10 Den Parmesan darüberreiben, dann die Form kurz unter den Grill schieben, bis der Käse braun zu werden beginnt.

Radicchio-Chicorée-Salat mit Zucchini-Croûtons

2–3 Köpfe Radicchio
2–3 Stangen Chicorée
Eine Portion Brunnenkresse oder junger Spinat
6 mittelgroße Zucchini
55 g Mehl
1 EL Paprikapulver
2–3 EL Sonnenblumenöl
4 EL Olivenöl (extra vergine)
3 EL Walnußöl
Salz und Pfeffer
1 große Zitrone

1 Vom Radicchio und Chicorée die Blätter lösen, abspülen und mit Küchenpapier trockentupfen. Auch die Kresse (oder den Spinat) waschen und abtropfen lassen. Die Blätter auf einer großen Servierplatte dekorativ auslegen.

2 Die Zucchini putzen und in etwa 2,5 cm lange Julienne-Streifen schneiden (feine Streifen, etwa wie dünne Pommes frites).

3 Das Mehl mit Salz und Pfeffer würzen und mit dem Paprikapulver vermischen. Diese Mixtur in eine große Plastiktüte füllen und die Zucchinistreifen dazugeben. Die Tüte sorgfältig schließen und gut durchschütteln, bis die Zucchini rundum eingestäubt sind.

4 Das Sonnenblumenöl in einer großen Bratpfanne über mittlerer bis starker Flamme erhitzen und die panierten Zucchinistreifen darin braten, bis sie braun und knusprig sind, wenn nötig, in zwei Portionen.

5 Während die Zucchini braten, das Olivenöl mit dem Walnußöl mischen und über den Salat träufeln. Mit Salz und Pfeffer würzen.

6 Die fertigen Zucchini-Croûtons über den Salat verteilen, die Zitrone darüber auspressen und sofort servieren.

Obst-Tarte

Diese klassische Obst-Tarte ist mit vorgefertigtem Blätterteig aus dem Tiefkühlregal schnell gemacht und verfehlt ihre Wirkung nie.

450 g fertiger Blätterteig
30 g ungesalzene Butter
450 ml Crème fraîche
3 EL Zucker
Einige Tropfen Vanille-Aroma
1 EL Brandy
450 g Erdbeeren
450 g reife Nektarinen
5–6 gehäufte EL Aprikosenmarmelade
1–2 EL Orangenlikör

1 Den Ofen auf 220 °C vorheizen (Gas: Stufe 7). Den Blätterteig zu einem Rechteck von etwa 45 x 30 cm Größe ausrollen. Die Ränder zu einem kleinen Rand hochbiegen und den Teigboden mit der Gabel überall einstechen. Auf einem Backblech 5 Minuten lang backen.

2 Die Butter in einem kleinen Topf zerlassen. Den vorgebackenen Teig aus dem Ofen nehmen, noch einmal überall mit der Gabel einstechen und großzügig mit der flüssigen Butter bestreichen. Wieder in den Ofen schieben und 7–9 Minuten backen, bis der Teig schön braun geworden ist. Aus dem Ofen nehmen und auf einem Kuchenrost abkühlen lassen.

3 Die Crème fraîche leicht anschlagen und dabei Zucker, Vanille-Aroma und Brandy dazugeben. Die Erdbeeren entstielen, waschen und, falls nötig, trockentupfen. Die Nektarinen entkernen und in Scheiben schneiden.

4 Wenn das Backwerk so weit abgekühlt ist, daß es sich wieder anfassen läßt, die Crème fraîche auf dem Teigboden verteilen und die Früchte in diagonalen Reihen in die Sahne drücken.

5 Die Aprikosenmarmelade in einem Töpfchen auf dem Herd flüssig werden lassen, den Orangenlikör unterrühren und mit dieser Mischung die Früchte bestreichen.

GRILLFEST FÜR GENIESSER

Wenn das Wetter schön und die Stimmung unter Ihren Gästen gut ist, kann Grillen die entspannteste Art der Essenszubereitung sein. Zwar müssen Sie nicht unbedingt mit den unvermeidlichen Rostbratwürstchen auf Nummer Sicher gehen, doch den Ehrgeiz, besondere Raffinesse zu bieten, sollten Sie auch nicht haben, denn der Verzicht auf Ihre gewohnte Küchenumgebung sorgt ohnehin für erschwerte Bedingungen. Entscheiden Sie sich deshalb für kräftig-deftige Gerichte, die schnell und einfach zuzubereiten sind. Zum Nachtisch entfalten Bananen ihr volles Aroma, wenn sie in der Schale gegrillt werden; eine rasch angerührte Crème fraîche mit einem Schuß Rum rundet das Dessert perfekt ab.

Paprika-Streifen mit scharfer Avocado-Sosse

Gegrillte italienische Würstchen

Warmer Salat von gedünstetem Spinat

Gegrillte Bananen mit Rum-Crème-fraîche

Für 6

Getränke

Vergessen Sie nicht, Eiswürfel anzusetzen! Neben großen Mengen kalten Mineralwassers könnten Sie einmal ein Sortiment an verschiedenen exotischen Bieren anbieten (ein Grillfest ist gut für Experimente). Natürlich paßt auch ein gut gekühlter Rosé (aus der Provence oder dem Südwesten Frankreichs).

Paprika-Streifen mit scharfer Avocado-Sosse

Warme, süße Paprikaschoten und mit Chili gewürzte Avocado-Soße ergänzen sich bestens zu einer kulinarischen Kreation, die alle Geschmacksnerven in Schwung bringt.

6–8 süße Paprikaschoten (z. B. drei rote, eine grüne und zwei gelbe)
1 EL Olivenöl
1 Frühlingszwiebel, fein gehackt (nach Belieben)
Salz und Pfeffer

Für die Avocado-Soße:
1 Zitrone
2 große oder 3 kleine reife Avocados
1 Knoblauchzehe
2 EL Olivenöl (und ein weiterer zum Beträufeln)
Eine Prise scharfes Chilipulver (oder 1/4 TL Chilipaste)
1/4 TL gemahlener Kreuzkümmel
Salz und Pfeffer

1 Den Grill im Ofen bzw. den Holzkohlengrill vorheizen, bis er richtig heißglühend ist. Die ganzen Paprikaschoten darauf anbraten, bis die Haut aufzuplatzen beginnt. Das dauert einige Minuten. Die Paprika zwischendurch vorsichtig drehen, damit jede Seite etwa 5 Minuten Hitze bekommt. Vom Grill nehmen, mit einer dicken Schicht Zeitungspapier abdecken und abkühlen lassen.

2 Die Avocado-Soße entweder schon vorher zubereiten oder während die Paprikaschoten auf dem Grill liegen bzw. auskühlen. Von der Zitrone ein wenig Schale abreiben, dann den Saft auspressen. Die Avocados schälen und den Kern entfernen. Mit einer Gabel zerdrücken oder in der Küchenmaschine grob pürieren. Es sollten noch Stücke in der Creme sein.

3 Den Knoblauch schälen, zerdrücken und grob hacken. In einer Schüssel Knoblauch mit dem Olivenöl und dem Chilipulver verrühren und mit der Avocado-Paste vermengen. Zuletzt Zitronensaft und -schale sowie Kreuzkümmel unterrühren.

4 Mit Salz und Pfeffer abschmecken und noch einen Spritzer Olivenöl unterrühren. Die Soße mit Küchenfolie abdecken und bis zum Servieren für einige Minuten in die Tiefkühltruhe oder den kältesten Platz im Kühlschrank stellen. Vor dem Servieren die Soße noch einmal durchrühren und abschmecken.

5 Die Paprikaschoten schälen (es macht aber nichts, wenn noch ein wenig Haut dran bleibt), aufschlitzen, die weißen Rippen und die Kerne herauslösen und die Schoten der Länge nach vierteln. Die Stücke mit der enthäuteten Seite nach oben auf einer Platte anrichten. Mit Olivenöl beträufeln, würzen und die gehackte Frühlingszwiebel darüberstreuen. Mit der Avocado-Soße servieren.

Ablaufplan

1. Grill anwerfen
2. Avocado-Soße zubereiten und kalt stellen
3. Crème fraîche für das Dessert anrühren und kalt stellen
4. Getränke kühlen
5. Notwendige Geräte und Zutaten bereit legen
6. Den Grill im Ofen vorheizen (wenn benötigt)
7. Paprika anbraten und abdecken
8. Mit dem Grillen der Würstchen beginnen
9. Spinat andünsten
10. Paprika schälen, entkernen und schneiden
11. Wenn der Hauptgang gegessen ist, Bananen grillen

Gegrillte italienische Würstchen

Besorgen Sie die pikanten, kleinen, dicken italienischen Kochwürstchen, die etwas längeren *Luganega* oder auch würzige spanische *Chorizo.*

700 g italienische Würstchen (siehe oben)

Die Würstchen so langsam wie möglich grillen; dabei häufig wenden, damit sie gleichmäßig garen und nicht schwarz werden. Wenn Sie den Grill im Ofen benutzen, diesen gut vorheizen, dann wieder eine Stufe zurückschalten und die Würstchen 20–30 Minuten grillen. Häufig wenden und nach der Hälfte der Zeit die Hitze noch weiter reduzieren, damit die Würstchen nicht anbrennen.

Warmer Salat von gedünstetem Spinat

3 EL Olivenöl
2–3 Knoblauchzehen
3 EL Pinienkerne
600 g fertig gewaschener, junger Spinat
1–2 EL Balsamessig
1 EL Sojasoße
Salz und Pfeffer
Aufgebackenes italienisches Brot

1 In einer großen Pfanne oder Sauteuse die Hälfte des Öls erhitzen. Den Knoblauch schälen zerdrücken und in das heiße Öl geben. Dann die Pinienkerne etwa eine Minute lang darin über mittlerer Hitze sautieren.

2 Den Spinat dazugeben, die Blätter auseinanderziehen und eine Minute in Ruhe lassen. Dann unter Rühren weitere zwei Minuten dünsten, bis der Spinat zusammenfällt.

3 Die Hälfte des Balsamessigs dazugeben und leicht würzen. In eine vorgewärmte Servierschale umfüllen. Den Rest des Öls in die Pfanne geben und durch Schwenken der Pfanne verteilen. Dann den restlichen Essig, die Sojasoße und zwei Eßlöffel Wasser dazugießen, gut verrühren und heiß werden lassen. Die Tunke über den Spinat träufeln und sofort mit aufgebackenem italienischem Brot servieren.

Gegrillte Bananen mit Rum-Crème-fraîche

Ein Töpfchen Crème fraîche
2 EL Rum
6 reife, aber feste Bananen

1 Die Crème fraîche mit einem Schneebesen aufschlagen, bis sie leicht und locker ist. Den Rum dazugeben, noch einmal aufschlagen und kalt stellen.

2 Die ungeschälten Bananen auf den Grill legen, dabei die direkte Berührung mit Flammen vermeiden. Nach etwa 5 Minuten wenden. Noch einige Minuten weiter grillen lassen, bis die Schale Blasen wirft und aufzuspringen beginnt. Mit einem scharfen Messer die Bananen der Länge nach zu „Schiffchen" aufschneiden.

3 Die gekühlte Crème fraîche mit dem Löffel über die Bananen verteilen und servieren.

Paprika-Streifen mit scharfer Avocado-Soße (s. S. 75)

Abendessen

Schnell und einfach
- Klare Brühe mit Thai-Gewürzen
- Muscheln mit Zitronengras und Nudeln
- Knusprige Gemüse-Variation
- Obst-Törtchen nach Saison

Nach-dem-Theater: Ein Sommer-Menü
- Kalte Avocado-Tomaten-Koriander-Suppe
- Gegrillte Entenbrust mit warmem Zucchini-Birnen-Salat
- Orangen-Pistazien-Granita

Mehr Esprit als Kleingeld
- Lauch mit Kapern-Eier-Soße
- Pasta mit Hühnerleber, Speck und Tomaten
- Grüner Salat mit Kräuter-Olivenöl
- Heiße Äpfel in Cidre

Winterlich-mediterranes Festessen
- Zucchini-Suppe mit Salbei-Croûtons
- Salade à la Marocaine mit Brunnenkresse, Orange und Radieschen
- Auberginen-Gratin
- Provençalische Dessert-Platte

Elegant, aber gehaltvoll
- Krebs-Tarteletts
- Lammsteaks mit Aprikosen-Confit
- Reis-Pilaw mit Brunnenkresse
- Vanille-Eis mit Maracuja

Sommerabend al fresco
- Warmer Lachs-Salat
- Kerbel-Kartoffeln
- Hähnchenbrust mit Gurken-Estragon-Soße
- Gratinierte Sommerbeeren

SCHNELL UND EINFACH

Mit einer Vorspeise, die beim Zubereiten des Hauptgerichts automatisch abfällt, mit Zutaten, die leicht zu strecken und nahezu beliebig variierbar sind, und mit einem Dessert, das sich nach dem saisonalen Angebot richtet, ist dieses Essen schnell und locker im Alleingang zu bewältigen. Das Hauptgericht ist eine orientalische Version von Muscheln *alla marinara*, serviert mit chinesischen Nudeln und einer Schale voll leuchtendem, knackigem Gemüse. Die aromatische Muschelbrühe wird vorab kochend heiß als leichte klare Consommé gereicht. Für die Dessert-Törtchen werden sautierte Birnen oder Äpfel auf runde Blätterteig-Teilchen gehäuft. Niemand wird vermuten, daß die gesamte Vorbereitung dieses Essens nur 45 Minuten in Anspruch genommen hat – es sei denn, Sie verraten es selbst.

Klare Brühe mit Thai-Gewürzen

Muscheln mit Zitronengras und Nudeln

Knusprige Gemüse-Variation

Obst-Törtchen nach Saison

Für 5

Muscheln mit Zitronengras und Nudeln

Die meisten Muscheln, die heute im Handel angeboten werden, sind schon relativ sauber und müssen nur noch einmal schnell abgebürstet werden. Vielleicht finden Sie ja in Ihrem Supermarkt auch schon fertig geputzte Muscheln im Eimer (oder vakuumverpackt).

Etwa 1,5 kg kleine frische Miesmuscheln
200 ml trockener Weißwein
1 Beutel Thai-Kräuter und -Gewürze (zumindest Koriandergrün, Zitronengras, 3 Zitronenblätter, ein oder zwei Chilischoten)
Sojasoße
4 Frühlingszwiebeln
1 Päckchen (ca. 450 g) mittelgroße chinesische Eiernudeln (am besten frisch)
Ein kleines Bund Schnittlauch
3 EL Erdnuß- oder Sonnenblumenöl
2 Knoblauchzehen
Ein Stück frischer Ingwer (ca. 4 cm lang)
Salz und Pfeffer

1 Die Muscheln unter kaltem fließendem Wasser abbürsten. Die Bärte herausziehen und abschneiden. Offene Muscheln aussortieren und wegwerfen. Den Wein in einen großen, schweren Topf gießen und mit ca. 600 ml Wasser auf hoher Flamme erhitzen.

2 Vom Koriandergrün drei Stiele zur Seite legen. Das Zitronengras aufschlitzen und die Zitronenblätter auseinanderzupfen. Aus den Chilischoten mit einem scharfen Messer die Kerne entfernen und die Frühlingszwiebeln hacken. Das restliche Koriandergrün, das Zitronengras, die Zitronenblätter, die Hälfte der Frühlingszwiebel und einen Eßlöffel Sojasoße in das Wasser geben. Abgedeckt zum Kochen bringen. Sobald der Sud sprudelnd kocht, die vorbereiteten Muscheln hineinschütten und den Deckel wieder aufsetzen. Die Muscheln 4–5 Minuten kochen, bis die Muscheln sich geöffnet haben, dabei den Topf hin und wieder schütteln.

3 Während die Muscheln garen, mit dem Kochen der Nudeln beginnen. Möglichst viel Wasser in einem großen Wok oder einer Sauteuse erhitzen und eine große Prise Salz und zwei Teelöffel Öl dazugeben.

4 Einen Durchschlag mit einer doppelten Schicht feuchter Tücher (z. B. Mullwindeln) auslegen und über eine große Schüssel stellen. Die Muscheln hineinschütten und abkühlen lassen. Die durchgeseihte Brühe aufbewahren.

5 Die Kräuter und Blätter sowie alle Muscheln, die sich nicht geöffnet haben, wegwerfen. Alle übrigen über dem Durchschlag aus der Schale lösen, so daß die dabei austretende Flüssigkeit nicht verlorengeht. Etwa zehn Muscheln in der Halbschale zum Dekorieren zurückhalten. Die Muscheln bis zum Servieren warmstellen.

Ablaufplan

❶ Ofen vorheizen, Wasserkessel aufsetzen

❷ Muscheln abbürsten, Sud vorbereiten

❸ Törtchen ausstechen, backen und abkühlen lassen

❹ Obst vorbereiten, sautieren und warm stellen

❺ Muscheln kochen und Nudeln vorbereiten

❻ Muscheln abgießen, aus der Schale lösen, warm stellen

❼ Brühe erhitzen

❽ Gemüse zubereiten, kochen und warm stellen

❾ Nudeln kochen, abgießen und warm stellen

❿ Brühe servieren

⓫ Nudeln und Muscheln anschmoren und servieren

⓬ Gemüse anrichten, mischen und servieren

⓭ Törtchen belegen und servieren

Getränke

Weißweine aus dem Elsaß passen gut sowohl zu Meeresfrüchten als auch zu fernöstlichen Gewürzen. Besorgen Sie je nach Geschmack einen leichten Riesling, einen etwas volleren Pinot Grigio oder einen deftigen Gewürztraminer. Bleiben Sie auch zum Dessert bei Weißwein, oder bieten Sie gleich einen Birnenbrand oder einen Calvados an.

6 Den Topf auswaschen und den Muschelsud wieder einfüllen. Abschmecken und etwas Koriandergrün und Schnittlauch hineinschneiden. Die Brühe sehr heiß werden lassen und in vorgewärmte Portionsschälchen füllen. Einige Eßlöffel Brühe für die Nudeln zurückhalten. Jedes Schälchen mit feinen Schnittlauch-Röllchen und ein oder zwei Korianderblättern garnieren und als Vorspeise servieren.

7 Die Nudeln nach der Packungsanweisung in sprudelnd kochendem Wasser garen und in einen großen Durchschlag abgießen.

8 Den Wok oder die Sauteuse mit Küchenpapier auswischen. Den Knoblauch häuten, zerdrücken und fein hacken. Den Ingwer schälen und reiben (von dem angegebenen Stück brauchen Sie nur etwa die Hälfte, der Rest wird als „Griff" beim Reiben benötigt). Den Wok wieder auf eine starke Flamme setzen und den Rest des Öls hineingeben. Knoblauch und Ingwer im heißen Öl goldbraun werden lassen. Die Nudeln dazugeben, gut verrühren, dann die Muscheln (ohne Schale) hinzufügen und den Wok zum Mischen schütteln.

9 Die Muschelnudeln in eine vorgewärmte Schüssel oder in Portionsschalen umfüllen. Mit Schnittlauch, Koriander und dem Rest der Frühlingszwiebeln garnieren. Obenauf die zurückbehaltenen Muscheln in der Halbschale dekorativ auslegen, mit der restlichen Brühe begießen und sofort servieren.

Knusprige Gemüse-Variation

Bei der Zusammenstellung des Gemüses für dieses Gericht haben Sie freie Hand. Ersetzen Sie z. B. den Spargel durch Wasserkastanien oder die Erbsen durch dicke Bohnen.

350 g Brokkoli
400 g chinesischer Pak-Choy-Kohl
225 g dünner Spargel oder 225 g Wasserkastanien aus der Dose
225 frische oder tiefgefrorene Erbsen (und/oder dicke Bohnen)
125 g Zuckerschoten
2 EL Sonnenblumen-, Erdnuß- oder Traubenöl
2 TL Sesamöl
1/2 Zitrone oder Limone
Salz und Pfeffer

1 Einen großen schweren Topf oder eine Sauteuse etwa 7,5 cm hoch mit leicht gesalzenem Wasser füllen; erhitzen. Das Gemüse vorbereiten: den Brokkoli in einzelne Röschen trennen, beim Pak-Choy die Blätter voneinander lösen und quer in breite Streifen schneiden. Die Wasserkastanien in sehr dünne Scheiben schneiden. Die Erbsen und/ oder die dicken Bohnen, die Brokkoli-Röschen und den Pak-Choy eine Minute im kochenden Wasser blanchieren.

2 Die harten Enden der Spargelstangen (falls verwendet) großzügig abschneiden, die Spitzen zusammen mit den Zuckerschoten zu dem anderen Gemüse in den Topf geben und weitere 2–3 Minuten kochen, bis alles weich, aber noch bißfest ist.

3 Gut abgießen und in eine vorgewärmte flache Schale umfüllen. Das Öl, das Sesamöl und ein paar Tropfen Zitronensaft darüberträufeln, ein wenig Zitronen- oder Limonenschale darüberreiben, durch vorsichtiges Aufschütteln mischen und eventuell nachwürzen.

4 Das Gemüse dekorativ anrichten und sofort zusammen mit den Muschelnudeln servieren.

Obst-Törtchen nach Saison

Fertig gekaufter Blätterteig ist nicht mit Butter gemacht und profitiert deshalb enorm vom Bratensaft der in Butter sautierten Äpfel und Birnen. Alternativ eignen sich auch Aprikosen, Pflaumen, Nektarinen und Pfirsiche gut als Belag. Bis auf die Aprikosen benötigen diese Früchte etwas weniger Garzeit als die Äpfel und Birnen in unserem Rezept.

Etwa 225 g fertig ausgerollter, gekühlter Blätterteig
1 Eigelb, mit ein wenig Milch verquirlt (zum Glasieren)
4–5 reife, aber feste Birnen oder Äpfel
2 TL Zitronensaft
55 g ungesalzene Butter
4 EL Zucker
Eine Prise Zimt
2 EL Birnenschnaps oder Calvados
Vanille-Eis oder Crème fraîche als Beilage

1 Den Ofen mit einem Backblech darin auf 200 °C vorheizen (Gas: Stufe 6). Mit einer Plätzchen-Form oder einem Teigschneider vier Kreise von je etwa 10 cm Durchmesser aus dem Teig stechen. Jeden Kreis in der Mitte mit einem kreuzförmigen Einschnitt versehen. Aus dem Restteig mit einer Form kleine Halbmonde ausstechen. Alle Teigteile mit der Eigelb-Milch-Mischung bestreichen.

2 Die Kreise und Halbmonde auf dem Backblech auslegen und 5 Minuten backen. Dann die kleinen Halbmonde, die inzwischen aufgegangen und goldgelb sein sollten, vom Blech nehmen und die Kreise weiterbacken.

3 Weitere 3–4 Minuten im Ofen lassen, bis auch sie aufgegangen und goldgelb sind. Auf einem Kuchenrost abkühlen lassen.

4 Die Birnen schälen, vierteln und entkernen. Äpfel müssen nur entkernt und in Viertel oder Achtel geschnitten werden.

5 Die Birnen- oder Apfelstücke mit Zitronensaft beträufeln. Die Hälfte der Butter in einer Pfanne über mittlerer Hitze zerlassen. Die Hälfte des Zuckers so gleichmäßig wie möglich in die geschmolzene Butter einstreuen. 2–3 Minuten rühren, bis die karamelisierte Butter goldbraun ist.

6 Die Früchte dazugeben und gleichmäßig in der Pfanne verteilen. Über mittlerer Hitze drei Minuten sautieren, die Pfanne hin und wieder schwenken, aber nicht umrühren.

7 Die Fruchtstücke wenden und die Hitze um eine Stufe reduzieren. Den Rest der Butter als Flocken zwischen die Früchte streuen. Den Rest des Zuckers und den Zimt darüberstreuen. Weitere 3–5 Minuten schmoren lassen, bis die Früchte goldgelb glänzen, und während der ersten zwei Minuten dieser Zeit weder rühren noch die Pfanne schwenken. Die Pfanne abdecken und warm stellen, bis das Dessert gereicht werden soll.

8 Die Früchte dekorativ auf die Törtchen verteilen und die kleinen gebackenen Halbmonde obenauf mit einer Ecke zwischen die Früchte stecken. Die Törtchen warm, mit Birnenlikör beträufelt und mit einer Kugel Vanille-Eis oder einer Portion Crème fraîche servieren.

NACH DEM THEATER: EIN SOMMER MENÜ

Wenn Sie schon wissen, daß Sie nach einem Theater- oder Kinobesuch zu Hause noch Gäste bewirten wollen, können Sie die Suppe und die Granita natürlich schon vorher zubereiten und in den Kühlschrank bzw. in die Tiefkühltruhe stellen und die Entenbrust marinieren.

Aber selbst wenn Sie keine Gelegenheit zu diesen Vorbereitungen haben, ist dieses leichte Menü nach der Rückkehr von abendlichen Vergnügungen schnell zubereitet. Wenn die Zeit wirklich knapp wird, greifen Sie beim Dessert einfach auf fertiges Vanille-Eis zurück, das Sie großzügig mit Pistazien und Grand Marnier veredeln.

Kalte Avocado-Tomaten-Koriander-Suppe

Gegrillte Entenbrust mit warmem Zucchini-Birnen-Salat

Orangen-Pistazien-Granita

Für 4

Kalte Avocado-Tomaten-Koriander-Suppe

Diese wunderbar erfrischende kalte Suppe basiert auf einem traditionellen mexikanischen Avocado-Dip, der *Guacamole*. Die Suppe ist zwar schon sehr intensiv und deftig, wenn sie mit Wasser gekocht wird, doch richtig rund und voll wird ihr Geschmack erst, wenn man eine gut gewürzte Gemüse- oder Hühnerbrühe als Fond nimmt. Versuchen Sie reife, dunkelgrüne Avocados zu bekommen. Im Notfall kann man die Suppe auch ohne Tomaten zubereiten, es wird daraus dann immer noch eine sehr gute Vorspeise, die kräftig nach Koriandergrün schmeckt und beeindruckend smaragdgrün leuchtet.

400 g Eiertomaten aus der Dose (grob gehackt)
4 Frühlingszwiebeln
2 Zitronen
3 große reife Avocados
300 ml Wasser oder Gemüse- bzw. Hühnerbrühe
Eine Handvoll Korianderblätter
4–5 Eiswürfel
Ein Spritzer Tabasco
Salz und Pfeffer

1 Die Tomaten in einem Sieb über einer Schüssel gut abtropfen lassen.

2 Die Frühlingszwiebeln grob hacken und mit dem Saft der beiden Zitronen, dem Fleisch von zwei Avocados, dem Wasser (oder der Brühe), den Eiswürfeln und dem Koriandergrün (einige Stiele zurückbehalten) in der Küchenmaschine gut pürieren.

3 Die dritte Avocado und die abgetropften Tomaten (auch von den Tomaten ein paar Löffel zurückbehalten) dazugeben und noch einmal kurz durchmixen, so daß noch kleine Stücke Tomate und Avocado erhalten bleiben. Wenn nötig, die Konsistenz durch Untermixen von Wasser (resp. Brühe) oder Eiswürfeln noch regulieren. Kräftig mit Salz, Pfeffer und Tabasco würzen.

4 Die Suppe auf Portionsschälchen verteilen und mit den restlichen gehackten Tomaten und je einem Korianderblatt garnieren.

Getränke

Ein lebendiger frischer Rotwein, z. B. ein Fleurie oder ein kalifornischer Gamay-Beaujolais, eignet sich gut; zur Granita paßt dann ein herzerwärmendes Gläschen Orangenlikör.

Ablaufplan

1. Das Tiefkühlfach soweit im voraus wie möglich auf kälteste Stufe stellen
2. Granita zubereiten und ins Tiefkühlfach (bzw. Kühltruhe) stellen
3. Entenbrust vorbereiten
4. Tomaten für die Suppe abtropfen lassen
5. Grill vorheizen und Wasser zum Blanchieren der Zucchini und Birnen aufsetzen
6. Brunnenkresse, Birnen und Zucchini zubereiten
7. Den Rand einer Salatplatte mit Kresse dekorieren und das Salat-Dressing zubereiten
8. Granita noch einmal aufschlagen und mit Likör und Dessert-Pokalen zurück ins Tiefkühlfach stellen
9. Suppe zubereiten und servieren
10. Während die Suppe gegessen wird, die Entenbrust grillen (Sie werden leider zwei oder dreimal den Tisch verlassen müssen, um die Ente im Ofen zu kontrollieren)
11. Während die Entenbrust nach dem Grillen ruht, Zucchini und Birnenstreifen blanchieren, abgießen und auf einer Platte anrichten
12. Entenbrust schneiden und auf die Platte legen, das Dressing über den Salat gießen und servieren
13. Granita in die Pokale füllen, Likör darübergießen und mit Nüssen dekorieren

Gegenüber: Kalte Avodaco-Tomaten-Koriander-Suppe

Gegrillte Entenbrust mit warmem Zucchini-Birnen-Salat

Für dieses Gericht sollten Sie hochwertige Tafelbirnen auswählen, weil sie sich gut schneiden und kochen lassen und beim Dünsten Form und Festigkeit nicht verlieren. Als klassischer Blauschimmelkäse für die Garnitur bietet sich Roquefort an, doch natürlich eignen sich auch andere Sorten.

2 große Entenbrüste
1 EL Dijon-Senf
2 EL klarer Honig
1 Bund Brunnenkresse
2 große reife, aber feste Dessert-Birnen
4 Zucchini
Gut 50 g Blauschimmelkäse

Für das Dressing:
2 EL Walnußöl
3 El Sonnenblumenöl
1/4 Zitrone
Salz und Pfeffer

1 Die fette Seite der Entenbrust im Abstand von jeweils etwa 1 cm mit diagonalen Schnitten versehen, die so tief sein müssen, daß die gesamte Fettschicht bis aufs Fleisch hinunter durchtrennt ist. Dadurch wird auch die Garzeit vermindert. Den Senf mit ein wenig Pfeffer unter den Honig rühren und mit dieser Marinade die Hautseite der Entenbrust bestreichen. Beiseite stellen.

2 Den Grill auf höchster Stufe vorheizen und einen großen Topf mit leicht gesalzenem Wasser aufsetzen.

3 Die Brunnenkresse waschen, abschneiden und wenn nötig, vorsichtig trockentupfen. Die Birnen schälen, der Länge nach vierteln und entkernen. Von den Zucchini die Enden abschneiden und sie mit einem Gemüseschäler oder einem Käseschneider in lange, dünne Streifen hobeln. Auch die Birnenviertel in dünne Scheiben schneiden.

4 Die Entenbrust mit der Hautseite nach oben circa 5 Minuten unter den Grill schieben, bis sie gut gebräunt ist. Wenden und nochmals 2–3 Minuten grillen. Nach dieser Garzeit sollte das Fleisch außen schön gebräunt und innen noch leicht rosa sein. Wenn Sie die Entenbrust gut durchgebraten haben wollen, die Hitze etwas reduzieren und das Fleisch weitere 5–10 Minuten pro Seite grillen.

5 Während die Entenbrust im Ofen ist, die Ränder der Teller mit Kresse auslegen. Die beiden Ölsorten und den Saft des Zitronenviertels zu einem Salat-Dressing verrühren und mit Salz und Pfeffer würzen.

6 Wenn die Entenbrust fertig ist, aus dem Ofen nehmen und mit Alufolie abdecken. Warm stellen und ruhen lassen.

7 Während die Entenbrust ruht, die Zucchini- und Birnenstreifen ins kochende Wasser geben und gerade so lange blanchieren, bis das Wasser wieder sprudelnd aufkocht. Sofort aus dem Wasser heben, gut abtropfen lassen und mit Küchenpapier abtupfen. Schichten Sie auf der einen Hälfte jeden Tellers eine dekorative Portion Zucchini- und Birnenstreifen auf.

8 Die Entenbrüste mit einem scharfen Messer in einem leichten Winkel quer zur Faser in etwa 1 cm dicke Scheiben schneiden und diese jeweils auf der anderen Hälfte der Teller fächerförmig auslegen. Das Dressing über den Salat träufeln und zum Schluß den zerbröckelten Blauschimmelkäse darüber verteilen.

Orangen-Pistazien-Granita

Gefrorenes oder Halbgefrorenes zum Dessert anzubieten ist in der „schnellen" Küche normalerweise kaum möglich. Wir haben deshalb in unser Rezept ein paar Tricks eingebaut, die den Gefrierprozeß beschleunigen. So bringt es z. B. schon eine Menge, wenn man einen fertigen Sirup verwendet, da ein selbstgemachter nach dem Anrühren erst abkühlen muß. Und weil Alkohol das Gefrieren verzögert, wird der geschmacksveredelnde Likör nicht mit untergemischt, sondern separat gekühlt und die Granita damit nachher nur übergossen.
Nach der hier zur Verfügung stehenden Zeit wird die Granita noch recht weich sein, doch genau so sollte sie auch sein – und nicht steinhart. Für dieses Rezept benötigen Sie zwei normal große Eiswürfelbehälter.

12–16 Eiswürfel
225 ml hochwertiger Orangensaft
1/4 Zitrone
150 ml Zuckersirup
55 g ungesalzene Pistazien
3 EL Grand Marnier (oder ein anderer Orangenlikör)

1 Das Eisfach im Kühlschrank so früh wie möglich auf höchste Stufe schalten.

2 Die Eiswürfel mit dem Orangensaft in eine Küchenmaschine geben und zerhacken.

3 Den Saft des Zitronenviertels, den Sirup und die Pistazien hinzufügen (einige Pistazien zurückbehalten) und alles gut durchmixen. Die Pistazien sollten fein gehackt, aber nicht gemahlen sein.

4 Die Masse in vorgekühlte Eiswürfelbehälter umfüllen und für 30 Minuten ins Eisfach bzw. die Tiefkühltruhe stellen. Wieder herausnehmen, mit der Gabel einmal durchmischen und für mindestens weitere 20 Minuten wieder zurückstellen. Auch den Likör und die Portionsschalen oder -gläser gut vorkühlen.

5 Die Granita erst unmittelbar vor dem Servieren aus dem Eisfach holen. Da sie noch nicht ganz fest sein dürfte, mit dem Löffel auf die Portionsschälchen verteilen. Falls sie doch schon zu hart geworden ist, die Eiswürfel wieder in die Küchenmaschine schütten und kurz aufhacken, bis die Masse sich wieder löffeln läßt.

6 Den kalten Likör darübergießen und mit den restlichen Pistazien garnieren.

MEHR ESPRIT ALS KLEINGELD

Ein schönes und dennoch wirklich billiges, oder besser preiswertes, Menü zusammenzustellen ist gar nicht so schwer, wie man zunächst denken könnte. Vor allem die hier als Hauptgericht vorgeschlagene Hühnerleber ist nicht nur lecker, sondern so günstig, daß Sie es sich auch leisten können, großzügige Portionen anzubieten.

Servieren Sie zum Nudelgericht einen einfachen grünen Salat. Wichtig ist, daß Sie einen festen, kräftigen Salat wählen. Beim Eisbergsalat müssen Sie z. B. die inneren Blätter nicht einmal mehr waschen. Schneiden Sie dazu eine (vielleicht im Preis herabgesetzte) Avocado auf und verwenden Sie als Dressing Kräuter-Olivenöl (Rezept siehe Seite 139).

LAUCH MIT KAPERN-EIER-SOSSE

PASTA MIT HÄHNCHENLEBER, SPECK UND TOMATEN

GRÜNER SALAT MIT KRÄUTER-OLIVENÖL

HEISSE ÄPFEL IN CIDRE

Für 4

Lauch mit Kapern-Eier-Soße

Lauchstangen von Erde und Sand zu befreien, die sich zwischen den verschiedenen Schichten festgesetzt haben, kann ein recht mühsames und zeitraubendes Unterfangen sein. Es geht ungleich schneller, den Lauch erst kleinzuschneiden und dann zu waschen. Dieses Gericht kann sowohl heiß, als auch im abgekühlten Zustand serviert werden. In beiden Fällen sollten Sie genügend knuspriges Brot zum Auftunken der Soße bereithalten.

2 Eier
6 mittelgroße Stangen Lauch
150 ml trockener Weißwein
150 ml Wasser
8 grüne Pfefferkörner
1 Lorbeerblatt
1 EL Kapern
Ein Sträußchen glattblättrige Petersilie
3 EL Olivenöl (extra vergine)
Salz und Pfeffer

1 Die Eier hart kochen und in einer Schüssel mit kaltem Wasser abkühlen lassen.

2 Die Enden der Lauchstangen abschneiden, den Rest in etwa 5 mm dicke Scheiben schneiden. In einem Sieb oder Durchschlag unter laufendem kaltem Wasser gründlich waschen. Gut abtropfen lassen.

3 Den Lauch zusammen mit dem Wasser, dem Wein, dem grünen Pfeffer und dem Lorbeerblatt in einem Topf aufsetzen und zum Köcheln bringen. Etwa 7–10 Minuten ziehen lassen, bis der Lauch weich, aber noch bißfest ist.

4 In der Zwischenzeit mit der Zubereitung der Soße beginnen: die Eier schälen, die Kapern und die Petersilie hacken.

5 Mit einem Schaumlöffel den Lauch aus dem Sud heben und warm stellen. Den Sud aufkochen und bis auf etwa einen Eßlöffel Flüssigkeit reduzieren.

6 Die hartgekochten Eier grob hacken und mit den Kapern und der Petersilie vermischen. Mit dem reduzierten Sud und dem Öl verrühren, abschmecken, über den Lauch gießen und sofort servieren.

Getränke

Ein junger, fruchtiger Beaujolais ist in Supermärkten und Weinhandlungen meist schon zu einem akzeptablen Preis zu bekommen. Im Sommer sollten Sie ihn leicht gekühlt servieren.

Ablaufplan

1. Eier hart kochen
2. Wasser aufsetzen und Nudeln kochen
3. Apfelschnitzen vorbereiten
4. Butter zerlassen, Äpfel in Butter und Zucker wenden, zur Seite stellen
5. Vinaigrette zubereiten
6. Lauch vorbereiten und blanchieren
7. Kapern und Petersilie hacken
8. Zwiebel und Knoblauch vorbereiten und sautieren
9. Speck kleinschneiden, anbraten und vom Feuer nehmen
10. Hähnchenleber vorbereiten
11. Prüfen, ob der Lauch gar ist
12. Lauch-Sud reduzieren
13. Eier hacken, Lauch-Soße zubereiten, Lauch servieren
14. Nudelsoße mit Hähnchenleber vermischen
15. Salat anrichten und mit den Nudeln servieren
16. Äpfel fertig zubereiten und servieren

Pasta mit Hähnchenleber, Speck und Tomaten

Mit preiswerter Hühnerleber läßt sich eine ganz ausgezeichnete, originelle Nudelsoße zubereiten. Wenn Sie tiefgefrorene Hähnchenleber verwenden, müssen Sie viel Zeit zum schonenden Auftauen einplanen. Frische Nudeln kommen zwar mit einer kürzeren Garzeit aus, dafür sind die handelsüblichen getrockneten Nudeln aber wesentlich preisgünstiger.

350–450 g Pasta (Spiralen o.ä.)
1 Zwiebel
1 Knoblauchzehe
8 Streifen durchwachsener Speck
3 Zweige frischer Rosmarin
225 g Hähnchenleber
2 EL Olivenöl
400 g Tomaten aus der Dose
1 TL Balsamessig
Salz und Pfeffer

1 Die Nudeln nach der Anweisung auf der Packung kochen.

2 Zwiebel, Knoblauch, Speck und zwei der Rosmarinzweige hacken bzw. kleinschneiden. Die Hähnchenleber mit einem scharfen Messer von jeglichem Verbindungsgewebe säubern und grob zerkleinern. Waschen und trockentupfen.

3 Das Öl in einer Pfanne erhitzen und Zwiebel und Knoblauch darin bei mittlerer Hitze einige Minuten sautieren. Den Speck und eine Minute später die Hähnchenleber dazugeben. Die Tomaten abtropfen lassen, in die Pfanne geben und vorsichtig zerdrücken. Zum Schluß den gehackten Rosmarin einstreuen. Alles 3–4 Minuten kochen lassen, bzw. bis die Hähnchenleber gar, aber innen noch leicht rosa ist.

4 Die Soße abschmecken, den Balsamessig unterrühren, mit den Nudeln vermengen und die Nadeln von dem noch verbleibenen Rosmarinzweig darüber verteilen.

Heisse Äpfel in Cidre

Welche Apfelsorte Sie verwenden sollten, hängt ganz von der Saison ab. Versuchen Sie einen Apfel zu bekommen, der fest und kräftig im Geschmack ist – z. B. den Frühapfel Boskop oder im Spätsommer Cox Orange oder den altmodischen Glockenapfel.

4 Dessert-Äpfel
55 g ungesalzene Butter
55 g brauner Zucker
100 ml trockener Cidre
Ein Spritzer Zitronensaft
1 TL Zimt

1 Die Äpfel entkernen, zunächst vierteln, dann in etwa 1 cm dicke Spalten schneiden.

2 Die Butter in einem Topf zerlassen, Äpfel und Zucker hinzufügen und vorsichtig rühren, bis alles gut vermengt ist. Über sanfter bis mittlerer Hitze etwa 4 Minuten schmoren, bis die Äpfel weich werden, aber noch nicht zerfallen. Mit einem Schaumlöffel aus dem Topf heben, in einer flachen Schale anrichten und warm stellen.

3 Die Hitze hochschalten und die Rückstände mit dem Cidre ablöschen. Rühren, bis die Flüssigkeit im Topf zu einem dicken Sirup reduziert ist, dann einen Spritzer Zitronensaft unterrühren.

4 Die Äpfel mit der Soße übergießen, mit Zimt bestreuen und servieren.

Heiße Äpfel in Cidre

WINTERLICH MEDITERRANES FESTESSEN

Ähnlich wie Pilze sind Auberginen ein ausgesprochen fleischiges Gemüse, und so fällt es kaum auf, daß es sich bei diesem Menü um ein rein vegetarisches handelt. Diejenigen unter Ihren Gästen, die gerne Fleisch essen und darauf nur ungern verzichten, können Sie sicher mit einer Auswahl an verschiedenen Salamis oder mit dünnen Schinkenscheiben umwickelten Grissinis beglücken.

Für besonders hungrige Gäste können Sie, während das Auberginen-Gratin zu Ende gart, einen Laib Ciabatta im Ofen mit aufwärmen. Der Salat kann ganz nach Belieben auch erst nach dem Gratin gereicht werden, da er mit seiner Frische und Schärfe einen idealen Kontrast bildet.

Zucchini-Suppe
mit Salbei-Croûtons

Salade à la Marocaine
mit Brunnenkresse,
Orange und Radieschen

Auberginen-Gratin

Für 5–6

Provençalische Dessert-Platte

Zucchini-Suppe mit Salbei-Croûtons

Je weniger Wasser man zum Garen des Gemüses nimmt, desto schneller kocht es; sorgen Sie nur dafür, daß das Gemüse zumindest immer knapp bedeckt ist. Wenn man kurz vor Schluß kaltes Wasser dazugießt, sparen Sie Wartezeit vor dem Pürieren der Suppe.

1 Gemüsezwiebel
Etwa 100 g Kartoffeln
550 g Zucchini
3 EL Erdnuß-, Sonnenblumen- oder leicht gewürztes Olivenöl
Einige Stengel glattblättrige Petersilie
4 kleine Blätter frischer Salbei oder ein gehäufter TL Salbeipulver
2 kleine bis mittelgroße süße, reife Tomaten
4 Scheiben gekühltes, circa einen Tag altes Brot (ohne Rinde)
1/2 Knoblauchzehe
Etwa 4 EL Olivenöl (extra vergine) zum Beträufeln
Salz und Pfeffer

1 Etwa 750 ml Wasser in einem Kessel zum Kochen bringen.

2 Die Zwiebel in Scheiben schneiden, die Kartoffel(n) schälen und in Stücke schneiden, die Zucchini grob zerkleinern.

3 Die Hälfte des Öls in einem großen Topf mit schwerem Boden erhitzen und die Zwiebelringe, die Kartoffel- und Zucchinistücke hineingeben. Über mittlerer Hitze zwei Minuten unter ständigem Rühren schmoren, dann das kochende Wasser dazugießen. Zwei bis drei Stengel Petersilie und die Hälfte des Salbeis hinzufügen. Leicht würzen und wieder zum Simmern bringen.

4 Die Hitze ein wenig reduzieren, den Topf abdecken und 15 Minuten ziehen lassen, bis die Kartoffeln gerade weich sind.

5 Während die Suppe kocht, die Tomaten entkernen und das Fruchtfleisch ebenso wie die entrindeten Brotscheiben in Würfel schneiden. Eine Pfanne mit der halben Knoblauchzehe ausreiben, den Rest des Öls hineingeben und bei mittlerer Temperatur erhitzen, bevor der Salbei hineingeschnitten wird.

6 Die Brotwürfel darin unter ständigem Rühren goldbraun toasten und auf Küchenpapier abtropfen lassen.

7 Wenn das Gemüse gar ist, knapp 1/4 Liter kaltes Wasser dazugießen und umrühren. Dann den Großteil des Gemüses und ein wenig von der Flüssigkeit in die Küchenmaschine umfüllen und pürieren.

8 Das Püree zurück in den Topf schütten, gut mit der dort verbliebenen Flüssigkeit verrühren und abschmecken.

9 Die Suppe richtig heiß werden lassen und in vorgewärmte Portionsschalen füllen. Die Tomatenwürfel, die Croûtons und kleingehackte Petersilie darauf verteilen. Zum Schluß die zwei Eßlöffel Olivenöl darüberträufeln und sofort servieren.

Ablaufplan

1 Ofen vorheizen, Gratin vorbereiten und in den Ofen schieben

2 Mit dem Kochen der Zucchini-Suppe beginnen

3 Auberginen-Gratin prüfen und umrühren

4 Dessert-Platte anrichten

5 Tomaten würfeln, Croûtons zubereiten

6 Suppe pürieren

7 Zutaten für den Salat vorbereiten

8 Gratin prüfen und umrühren, den Rest Oliven und Kapern dazugeben, mit Käse decken, zu Ende backen, etwas abkühlen lassen

9 Suppe fertig zubereiten und servieren

10 Salat anrichten und mit dem Gratin servieren

Salade à la Marocaine mit Brunnenkresse, Orange und Radieschen

Mit der erfrischenden Schärfe von Radieschen und Brunnenkresse bildet dieser Salat den idealen Kontrapunkt zu dem eher deftigen Auberginen-Gratin. Dünn geschnittener Chicorée und geröstete Mandelsplitter bieten sich als ergänzende Zutaten an.

Ein Bund frische Radieschen
Ein Bund (ca. 125 g) fertig geputzte Brunnenkresse
1 1/2 reife Orangen
1 kleine Zitrone
2 1/2 EL Olivenöl
12 kleine schwarze Oliven (nach Belieben)
Salz und Pfeffer

1 Die Radieschen putzen, waschen und mit Küchenpapier trockentupfen. Die größeren in Scheiben schneiden. Bei der Brunnenkresse die harten Stengel entfernen.

2 Die ganze Orange sorgfältig schälen und abziehen, in dünne Scheiben schneiden und Kerne dabei entfernen. Von der anderen halben Orange die Schale reiben und den Saft auspressen, ebenso wie von der Zitrone.

3 Orangenschale und -saft, Zitronensaft, Olivenöl und je eine Prise Salz und Pfeffer in einer Tasse verrühren.

4 Brunnenkresse und Radieschen in eine große, flache Schüssel schichten. Das Dressing darüberträufeln (einen Eßlöffel davon zurückbehalten), zum Mischen schütteln und abschmecken.

5 Die Orangenscheiben und die schwarzen Oliven (falls verwendet) auf dem Salat verteilen, das restliche Dressing darüberträufeln und servieren.

Getränke

Zum Hauptgang paßt entweder ein leichter, fruchtiger junger Rotwein (z. B. ein junger Beaujolais oder eine italienischer Rotwein „nuovo vintage") oder ein voller, kräftiger Weißwein (z. B. ein Chardonnay aus der Neuen Welt). Zum Dessert darf's etwas schwerer sein: Oloroso-Sherry, Madeira, Portwein oder Vin Santo.

Auberginen-Gratin

Das Rezept für unser Auberginen-Gratin stammt aus der Provence. Um die Garzeit nicht unnötig lang werden zu lassen, sollten Sie lieber eine große, flache Auflaufform verwenden und nicht zu viele Schichten übereinanderlegen. Während der Backzeit muß das Gratin hin und wieder kontrolliert und durchgerührt werden: Heben Sie die jeweils obere Schicht vorsichtig unter, damit alle Auberginen nach und nach braun werden können, ohne anzubrennen.

4–6 reife Auberginen
2–3 Knoblauchzehen
4 Frühlingszwiebeln
Etwa 6 EL Olivenöl
Je 1 TL getrockneter Thymian und Rosmarin
Je 1/2 TL getrockneter Majoran und Oregano (zusätzlich frische Kräuter, wenn sie erhältlich sind)
400 g Kichererbsen aus der Dose (abgetropft)
1 EL kleine Kapern
55 g grüne Oliven (ohne Stein)
85 g Mozzarella
85 g Schafskäse
Salz und Pfeffer

1 Den Ofen auf 220 °C vorheizen, wenn Ihr Ofen langsam in Gang kommt, sogar auf 230 °C. Die Auberginen in dünne Scheiben schneiden, die Knoblauchzehen zerdrücken, schälen und fein hacken und die Frühlingszwiebeln in dünne Ringe schneiden.

2 Eine große Auflaufform mit ein wenig Öl einfetten. Eine Lage Auberginenscheiben darin auslegen, mit Salz, Pfeffer, den trockenen (bzw. frisch gehackten) Kräutern und ein wenig Knoblauch würzen. Die Kichererbsen und die Hälfte der Kapern und Oliven darüberstreuen.

3 Dann die Zwiebelringe verteilen, mit den restlichen Kräutern und Knoblauch bestreuen und mit ein wenig Olivenöl beträufeln.

4 Zum Abschluß folgt eine Lage Auberginen. Wiederum würzen und mit Olivenöl beträufeln.

5 In den Ofen schieben und 20 Minuten lang backen. Wieder herausnehmen, überschüssige Flüssigkeit abschöpfen und gut umrühren, so daß die obere Schicht untergehoben wird. Wieder mit Olivenöl beträufeln und für weitere 10–15 Minuten in den Ofen zurückschieben, das Gratin dabei aber immer im Auge behalten. Wenn das Gratin flüssig und weich bleiben soll, die Form mit Alufolie abdecken; ohne Abdeckung wird die Oberseite braun und knusprig.

6 Noch einmal abschöpfen und umrühren. Den Mozzarella in Streifen schneiden und den Schafskäse zerbröckeln. Die restlichen Kapern und Oliven über die Auberginen streuen und den Käse verteilen (erst den Mozarella, darüber den Schafskäse). Vorsichtig pfeffern.

7 Bei leicht erhöhter Temperatur noch einmal 5–7 Minuten im Ofen backen, bis der Käse Blasen zu werfen und sich zu verfärben beginnt. Aus dem Ofen nehmen, abkühlen lassen und (nicht zu heiß) servieren.

Provençalische Dessert-Platte

In der Provence kommen am Weihnachtsabend traditionell dreizehn verschiedene süße Leckereien – Variationen von süßem Brot und Früchten – auf den Tisch. Lassen Sie Ihrer Phantasie freien Lauf und stellen Sie eine opulente Platte z. B. mit Datteln, Walnüssen, Mandeln, Pistazien und kandierten Kirschen zusammen. An frischen Früchten eignen sich Trauben und Mandarinen, dazwischen verteilen Sie Rosinen, getrocknete Aprikosen, Pflaumen und Feigen.

ELEGANT ABER GEHALTVOLL

Dieses einfach zuzubereitende Menü macht Eindruck und stellt mühelos auch hungrige Gäste zufrieden. Mit seinem mediterranen Flair eignet es sich besonders für sommerliche Abende und solche, die von einer warmen, freundlichen Atmosphäre bestimmt sein sollen. Zum Dessert reichen Sie einfach Vanille-Eis, das Sie mit dem ausgekratzten Mark von Passionsfrüchten garnieren. Denken Sie daran, die Eiscreme gut 20 Minuten vor dem Servieren im Kühlschrank antauen zu lassen.

KREBS-TARTELETTS

LAMMSTEAKS MIT APRIKOSEN-CONFIT

REIS-PILAW MIT BRUNNENKRESSE

VANILLE-EIS MIT MARACUJA

Für 4

Getränke

Reichen Sie einen gut gekühlten weißen Burgunder (z. B. einen Côte de Beaune) zu den Krebs-Tarteletts, einen guten, fruchtigen, nicht zu vollen Rotwein zum Lamm, z. B. als besonderer Tip einen St. Nicolas de Bourgueil. Verwenden Sie nach Möglichkeit auch denselben Wein für das Confit. Zum Vanille-Eis paßt ein Glas Portwein oder ein Marc de Champagne.

Krebs-Tarteletts

Dieses Gericht ist eine Art Kreuzung aus Quiche und Käsekuchen. Wenn Sie es vorziehen, können Sie natürlich auch frisches Krebsfleisch verwenden, das aber genau nach Schalenresten abgesucht werden muß. Das Gemüse kann je nach Angebot variiert werden, solange es eine nach Farbe und Konsistenz interessante Mischung ergibt.

2 Eier
200 g Frischkäse
220 g weißes Krebsfleisch aus der Dose (in Lake, abgetropft)
1 Zitrone
1 rote Zwiebel
4–5 Baby-Maiskölbchen oder getrocknete und eingelegte Tomaten
Eine Handvoll Korianderblätter
Einige Stengel Dill
Ein Bund Schnittlauch
Gut 50 g Butter
1 EL Olivenöl
1 Päckchen Filo-Teig
Salz und Pfeffer
Zitronenspalten zum Servieren

1 Den Ofen auf 190 °C vorheizen.

2 Die Eier in einer Schüssel kurz aufschlagen, dann den Frischkäse und das Krebsfleisch hinzufügen und durchschlagen, bis alles gut gemischt und cremig ist. Mit Salz, Pfeffer und Zitronensaft abschmecken.

3 Die Zwiebel in Spalten schneiden und die Maiskölbchen (oder die getrockneten Tomaten) in mundgerechte Stücke zerkleinern. Die Kräuter hacken. Einen Teelöffel Butter zusammen mit dem Öl in einer Pfanne erhitzen und die Zwiebel darin sautieren. Die Maiskölbchen (falls verwendet) dazugeben und dünsten, bis sie weich sind.

4 Den Pfanneninhalt etwas abkühlen lassen, dann die Frischkäsemischung einrühren, zusammen mit dem Großteil der gehackten Kräuter und den getrockneten Tomaten (falls verwendet).

5 Während jeweils mit ein oder zwei Teigblättern gearbeitet wird, die übrigen mit einem feuchten Tuch abdecken. Aus dem Teig Rechtecke schneiden, die groß genug sind, daß sich damit Pudding-Schälchen oder Quiche-Förmchen auslegen lassen und dabei noch ein ausreichender Rand überhängt. Die Förmchen buttern und die restliche Butter in einem Topf zergehen lassen. In jedes Förmchen drei oder vier Teigblätter jeweils um etwa 45° versetzt übereinanderlegen, so daß sich aus den überhängenden Spitzen ein dekorativer Rand ergibt. Jedes einzelne Teigblatt beim Schichten mit zerlassener Butter bestreichen.

6 Die Füllung mit dem Löffel in die Mitte der Teignester heben und mit Kräutern garnieren.

7 Im vorgeheizten Ofen 15–20 Minuten backen, bis der Teig goldbraun und die Füllung gestockt ist.

8 Die restlichen Kräuter darüberstreuen und mit Zitronenspalten zum Auspressen servieren.

Gegenüber: Krebs-Tarteletts

Ablaufplan

1 Lammsteaks so weit im voraus marinieren wie möglich

2 Ofen für die Krebs-Tarteletts vorheizen und die Füllung zubereiten

3 Teignester arrangieren, füllen und in den Ofen schieben

4 Reis waschen und aufsetzen

5 Confit zubereiten

6 Ringform für den Reis vorbereiten, Reis abgießen, Rosinen und Pistazien untermischen und in die Form füllen

7 Tarteletts aus dem Ofen nehmen, Hitze reduzieren und den Reisring hineinschieben

8 Geriffelte Grillpfanne fetten und auf niedriger Flamme erhitzen; Tarteletts garnieren und servieren

9 Reis aus dem Ofen holen, Form entfernen und abkühlen lassen

10 Fleisch abtropfen lassen und braten; Confit wieder heiß machen und Teller vorwärmen

11 Eiscreme in den Kühlschrank stellen

12 Pfanne ablöschen und Lamm servieren

13 Brunnenkresse anrichten und servieren

14 Fruchtfleisch aus den Maracujas löffeln, auf die Eisportionen verteilen und servieren

Lammsteaks mit Aprikosen-Confit

Sie sollten auf jeden Fall Ihren Schlachter darum bitten, die dünnen Lammsteaks zuzuschneiden, die Sie für dieses Rezept benötigen. Das A und O beim Grillen in der Pfanne ist es, die richtige Temperatur hinzubekommen und das Fleisch während des Bratens nicht zu bewegen – abgesehen vom einmaligen Wenden natürlich (siehe Hinweise auf Seite 11).

4 dünne Lammsteaks aus dem dicksten Teil der Keule (je ca. 225 g)
2 EL Rotwein
2 EL Olivenöl (und ein wenig mehr zum Einfetten)
4 Knoblauchzehen
Eine Handvoll frisches Koriandergrün oder Petersilie
Salz und Pfeffer

Für das Aprikosen-Confit:
115 g getrocknete Aprikosen
150 ml Rotwein
2 EL Kapern

1 Die Lammsteaks möglichst lange im voraus marinieren: Von beiden Seiten kräftig salzen und pfeffern; Wein und Öl in einem großen Suppenteller verrühren und den Knoblauch hineinpressen. Die Hälfte des kleingeschnittenen Koriandergrüns (bzw. der Petersilie) hinzufügen und das Fleisch in dieser Marinade ziehen lassen, so lange es geht, dabei hin und wieder wenden.

2 Für das Confit die Aprikosen zerkleinern, mit dem Rotwein aufkochen und 5 Minuten simmern lassen. Vom Feuer nehmen, die Kapern einstreuen und beiseite stellen.

3 Etwa 10 Minuten bevor der Hauptgang serviert werden soll, eine geriffelte Grillpfanne reichlich mit Öl fetten und auf starker Flamme erhitzen.

4 Die Steaks gut abtropfen lassen und trotzdem von den Gewürzen soviel wie möglich am Fleisch lassen. Wenn die Pfanne richtig heiß ist, das Fleisch hineinlegen. Nach ein bis zwei Minuten sollten die Unterseiten deutliche braune Grillstreifen aufweisen (zum Überprüfen vorsichtig die Ecke eines Steaks anheben). Dann wenden und dabei jeweils in die andere Seite der Pfanne legen und weitere ein bis zwei Minuten braten, bis auch die zweite Seite braune Streifen hat. Noch mal wenden und die Steaks diesmal im Winkel von 90° drehen, so daß durch die Grillstreifen das Quadrillage genannte Rautenmuster entsteht. Dann noch einmal wenden, um diesen Effekt auch auf der anderen Seite zu erzielen. Alles in allem sollte das Grillen also nur 4–8 Minuten dauern. Lamm schmeckt am besten, wenn es außen schön braun und innen noch zartrosa ist. Wenn Sie Ihr Fleisch lieber durchgebraten haben wollen, drehen Sie am Ende der beschriebenen Prozedur die Flamme unter der Pfanne auf schwache bis mittlere Hitze zurück, und lassen Sie das Fleisch noch ein paar Minuten in der Pfanne nachgaren.

5 Während die Steaks gegrillt werden, das Confit wieder erhitzen und abschmecken und Teller vorwärmen.

6 Die fertiggebratenen Steaks sofort auf die vorgewärmten Teller legen. Die Röststoffe in der Pfanne mit den Resten der Marinade ablöschen und diese Jus über das Fleisch gießen. Das verbliebene Koriandergrün (oder die Petersilie) darüberstreuen, je einen Löffel vom Confit neben jedes Steak geben und den Rest davon separat in einem Schälchen mit auf den Tisch stellen.

Reis-Pilaw mit Brunnenkresse

Sie müssen nicht unbedingt eine Original-Reisringform besitzen, um diese Gericht zubereiten zu können, eine runde Kuchen-Springform mit einem feuerfesten Schälchen in der Mitte tut's auch.

450 g Basmati-Reis
85 g geschälte Pistazien
75 g Rosinen
1–2 Bund Brunnenkresse
Ein paar EL Olivenöl (extra vergine) oder Walnußöl
Salz und Pfeffer

1 Den Ofen auf 150 °C vorheizen (Gas: Stufe 2). Eine Ringform von circa 23 cm Durchmesser gut mit Olivenöl fetten. In einem Kessel Wasser zum Kochen bringen.

2 Den Reis in einem Sieb unter kaltem Wasser abspülen und in einen großen Topf schütten. Das kochende Wasser aus dem Kessel darübergießen, salzen, umrühren und einen gut schließenden Deckel aufsetzen. Den Reis circa 10 Minuten kochen, bis er gerade weich wird. Sorgfältig abgießen.

3 Die Pistazien grob hacken und mit den Rosinen unter den Reis mischen, eventuell nachwürzen. Den Reis in die Ringform füllen, die Oberfläche glattstreichen und etwa 10 Minuten im vorgeheizten Ofen backen.

4 Aus dem Ofen nehmen, eine große, flache Servierplatte umgedreht auf die Form legen und Platte und Form zusammen drehen. Der Reisring müßte sich jetzt leicht aus der Form lösen. Ein wenig abkühlen lassen.

5 Die Kresse waschen und trockentupfen; harte Teile und Stengel entfernen. Die Kresse in der Mitte des Reisrings anrichten und kurz vor dem Servieren mit Oliven- oder Walnußöl beträufeln.

SOMMERABEND AL FRESCO

Wenn Sie so glücklich sind, einen Garten zu haben, einen Innenhof nutzen können oder wenigstens einen Balkon, der groß genug für vier Personen ist, kann es kaum etwas Schöneres geben, als an einem lauen Sommerabend draußen zu essen. Einem eventuellen Mangel an geeignetem Gartenmobiliar läßt sich leicht abhelfen: Legen sie einfach eine feste Decke auf den Boden, verteilen Sie bequeme Kissen und jede Menge Windlichter, und Sie werden sich fühlen wie im Urlaub. Auch das Essen sollte sommerlich leicht und natürlich einfach zuzubereiten sein (denn niemand hat an einem solchen Abend Lust, ständig in die Küche hetzen zu müssen).

Getränke

Ein guter Bordeaux-Rosé wie z. B. ein Château de Sours begleitet das gesamte Menü aufs Beste. Natürlich bietet sich zum Dessert zusätzlich ein Obstbrand oder Brandy an, vor allem, wenn es im Laufe des Abends merklich kühler geworden ist.

WARMER LACHS-SALAT

KERBEL-KARTOFFELN

HÄHNCHENBRUST MIT GURKEN-ESTRAGON-SOSSE

GRATINIERTE SOMMERBEEREN

Für 4

Warmer Lachs-Salat

Am schönsten ist für dieses Gericht eine Mischung aus verschiedenen grünen Salatsorten. Es sieht einfach hübscher aus als eine einfarbige Grundlage für den Lachs.

285 g Lachsfilet
1 TL bunte Pfefferkörner
Ein Stück frischer Ingwer (ca. 1 cm)
1 Limone
100 g ungesalzene Butter
6 EL trockener Weißwein
225 g gewaschene gemischte Salatblätter
1 EL Sonnenblumenöl
Salz und Pfeffer

1 Die Lachsfilets in dünne Streifen schneiden, dabei verfärbte Stellen entfernen, und in eine Schüssel geben. Die Pfefferkörner in einem Mörser zerstoßen, den Ingwer schälen und fein hacken, die Limonenschale reiben, alles gut vermischen und vorsichtig mit den Lachsstreifen verrühren.

2 In einem Topf mit schwerem Boden 15 g Butter zerlassen und die Lachsstreifen darin 30–45 Sekunden unter Rühren anbraten; aber dabei darauf achten, daß sie nicht zu gar werden. Den Lachs mit einem Schaumlöffel aus dem Topf heben und warm stellen.

3 Die Temperatur hochschalten und mit dem ausgepreßten Saft der Limone und dem Weißwein unter Rühren mit einem Holzlöffel den Bratensatz ablöschen.

4 Die restliche Butter in kleine Würfel schneiden und die Hitze wieder reduzieren, bis der Sud nur noch leise simmert. Dann einen Butterwürfel nach dem anderen mit dem Schneebesen unterschlagen, bis alle Butter verbraucht und die Soße eingedickt ist. Abschmecken.

5 Die Salatblätter mit dem Öl beträufeln, die Lachsstreifen darauf anrichten und zum Schluß die Soße über den Lachs gießen.

Kerbel-Kartoffeln

450 g neue Kartoffeln, geschrubbt, aber nicht geschält
55 g Butter
Ein Bund frischer Kerbel
1 Zitrone
Salz und Pfeffer

1 Die Kartoffeln in leicht gesalzenem Wasser weich kochen (je nach Größe und Sorte 7–20 Minuten).

2 In einem anderen Topf die Butter zerlassen und die gekochten Kartoffeln unter Zugabe der Kerbelblätter darin anrösten. Mit Salz, Pfeffer und geriebener Zitronenschale würzen.

Ablaufplan

1. Lachs vorbereiten und marinieren
2. Wasser für die Kartoffeln aufsetzen
3. Auflaufförmchen anfeuchten, Beeren einfüllen, mit Crème fraîche bedecken und kalt stellen
4. Kartoffeln schrubben
5. Salat vorbereiten und mit der Gurkensoße beginnen
6. Hähnchen häuten, schneiden und dünsten
7. Kartoffeln kochen
8. Zucker schmelzen und über die gekühlten Beeren-Förmchen gießen
9. Lachs braten
10. Lachssoße zubereiten
11. Hähnchen vom Herd nehmen, warm stellen
12. Kartoffeln abgießen und warm stellen
13. Salat anmachen und mit dem warmen Lachs servieren
14. Gurkensoße pürieren
15. Butter zerlassen und Kartoffeln rösten
16. Hähnchen und Kartoffeln servieren

Hähnchenbrust mit Gurken-Estragon-Sosse

Daß man grünen Salat auch kochen kann, wissen nur die wenigsten. Doch die delikate blaßgrüne und leicht saure Soße dieses Rezepts spricht für sich. Je süßer der Blattsalat ist, desto süßer fällt auch die Soße aus, weshalb sich die inneren Blätter von ganz jungem, frischem Kopfsalat am besten eignen.

4 Hähnchenbrustfilets
1 Salatgurke
2 kleine Kopfsalate oder ein Kopf Römersalat
Eine Handvoll frischer Estragon
30 g Butter
300 ml Hühnerbrühe
3 EL trockener Weißwein
Salz und Pfeffer

1 Die Hähnchenbrustfilets häuten und der Länge nach halbieren. Die Gurke schälen und grob zerkleinern. Den Salat kleinschneiden und dabei welke äußere Blätter entfernen. Etwa acht Estragonblätter hacken.

2 In einem Topf über mittlerer Hitze Butter zerlassen, die Gurkenstücke und den Salat hineinwerfen und aufschütteln, bis sich die Butter gut verteilt hat. Hühnerbrühe und Weißwein darübergießen und den Estragon hinzufügen. Die Hitze erhöhen und alles zum Köcheln bringen.

3 Die Hähnchchenbrüste auf die Gurkenmischung legen, den Topf abdecken, die Hitze reduzieren und das Hähnchenfleisch auf diese Weise 7–10 Minuten dünsten, bis es gar ist. Das Fleisch wieder aus dem Topf heben und warm stellen.

4 Die Gurkenmischung in der Küchenmaschine zu einem groben Püree verarbeiten.

5 Die Soße abschmecken, in eine flache Schale gießen, das Hühnerfleisch darauflegen und mit Estragonblättern garnieren.

Gratinierte Sommerbeeren

320 g Zucker
350 g Himbeeren, Erdbeeren und Blaubeeren (bzw. eine Beerenmischung Ihrer Wahl)
1 Orange
200 ml Crème fraîche

1 Vier kleine Auflaufförmchen mit Wasser anfeuchten und 20 g Zucker so darüberstreuen, daß er an den Rändern kleben bleibt.

2 Die Früchte in einer Schale vermischen; große Erdbeeren vorher halbieren oder vierteln. Eine Hälfte der Orange auspressen, den Saft über die Beeren träufeln und diese mit einem Löffel in die Förmchen füllen.

3 Die Orangenschale reiben und in die Crème fraîche einrühren. Die Beeren mit einer dicken Schicht Crème fraîche bedecken und die Förmchen kaltstellen.

4 Den restlichen Zucker in einem Topf über mittlerer Hitze karamelisieren. Den Topf dabei drehen, damit der Zucker gleichmäßig schmilzt. Vorsicht: Der Zucker brennt schnell an! Wenn der Zucker eine schöne goldbraune Farbe aufweist, den Topf sofort vom Feuer nehmen und den flüssigen Karamel sofort über die Crème fraîche in den Förmchen gießen, so daß sich eine gleichmäßige Schicht bildet. An einem kühlen Ort (nicht im Kühlschrank) den Karamel hart werden lassen.

Warmer Lachs-Salat *(s. S. 105)*

Besondere Anlässe

Geburtstagsfeier
- Glückwunsch-Burger mit verschiedenen Soßen
- Pazifik-Salat
- Schokoladen-Mandel-Trüffeltorte

Valentinstag-Menü
- Austern und Kaviar
- Gegrillte Filetsteaks mit scharfer Pilzsoße
- Neue Kartoffeln mit Artischockenherzen
- Schnelle Erdbeertörtchen

Festessen zum Hochzeitstag
- Sautierte Foie Gras mit Sauternes-Sultaninen
- Salat mit warmen Jakobsmuscheln
- Athole Brose

Glückwunsch-Party
- Pilz-Käse-Croustades
- Gebackener Heilbutt auf Kapern und Petersilie
- Vanille-Eis mit Preiselbeer-Cointreau-Coulis

Last-Minute-Rezepte für Weihnachten
- Geräucherte Engel und Teufel
- Eingemachter Käse
- Omelette-Soufflé mit Räucherlachs
- Gratin von Kartoffeln, Sellerie und Pastinaken
- Geschmorter Rotkohl mit Mandarinen
- Weihnachts-Sandwich
- Putenfrikassee
- Geflügelbrühe

GEBURTSTAGS FEIER

Da Geburts- oder Jahrestage im Familien- und Freundeskreis ja selten überraschend kommen, haben Sie in diesen Fällen normalerweise genügend Zeit für die Vorbereitungen. Aber trotz aller guten Vorsätze wird es dann plötzlich doch eng – vielleicht, weil Sie wirklich keine Zeit hatten, vielleicht auch, weil Sie den Termin (Sie dürfen es ruhig zugeben) schlicht und einfach vergessen hatten. Doch keine Panik, wir zeigen Ihnen hier, wie Sie auf die Schnelle doch noch ein beeindruckendes Menü aus dem Hut zaubern, das zudem nach wochenlanger minutiöser Planung aussieht.
Ein großer Vorteil ist, daß der Geburtstagskuchen, ein Gedicht aus Schokolade und Mandeln, nicht gebacken werden muß.

GLÜCKWUNSCH-BURGER MIT VERSCHIEDENEN SOSSEN

PAZIFIK-SALAT

SCHOKOLADEN-MANDEL-TRÜFFELTORTE

Für 6–8

Glückwunsch-Burger mit verschiedenen Sossen

Hamburger sind nun mal eine ideales Familien- und Kinderessen. In diesem Rezept werden sie mit einer ausgefallenen Füllung aus Sardellen und Ziegenkäse ausgestattet, was ihnen eine anspruchsvolle Note verleiht und sie zu echten Überraschungs-Burgern macht. Auch die beiden frischen, würzigen Soßen auf Mais- bzw. Tomatenbasis tragen dazu bei, die Fast-Food-Ikone in die Gourmetklasse aufsteigen zu lassen.

1,35 kg mageres Hackfleisch
2 rote Zwiebeln (und evtl. ein wenig mehr zum Garnieren)
Ein großer Strauß glattblättrige Petersilie
Einige Spritzer Worcester-Soße
2 Eier
170 g Champignons
Ein kleines Stück Ziegenkäse
12 Sardellenfilets (aus dem Glas)
Salz und Pfeffer

Für die Maissoße:
170 g tiefgefrorene Maiskörner
1/2 Salatgurke
1 gelbe Paprika
3–4 Frühlingszwiebeln
Eine kleine Portion Koriandergrün
1 Limone
1/2 EL Honig
1 kleine gelbe oder grüne Chilischote

Für die Tomatensoße:
6 große reife, aber feste Tomaten (vorzugsweise Eiertomaten)
1 rote Zwiebel
1 rote Paprika
Ein kleines Bund Petersilie
1 Zitrone
Eine Prise brauner Zucker
1/2 TL Dijon-Senf
Ein Spritzer Sherry- oder Rotweinessig
1 kleine rote Chilischote

1 Soweit im voraus wie möglich den Mais (für die Soße) aus der Kühltruhe nehmen und die Körner zum Auftauen auf einer großen flachen Platte ausbreiten. Das Hackfleisch für die Burger in eine große Schüssel geben, Zwiebeln und Petersilie hacken und hinzufügen. Mit Salz, Pfeffer und einigen Spritzern Worcester-Soße würzen. Die Eier in einem Schälchen kurz aufschlagen und unter das Fleisch heben. Die Hackfleischmasse mit den Fingern gut durchkneten und so lange wie möglich ruhen und ziehen lassen.

2 Jetzt die Soßen zubereiten: Für die Maissoße die Salatgurke in kleine Würfel schneiden, die gelbe Paprika entkernen und ebenso wie die Frühlingszwiebeln und den Koriander kleinschneiden. Alles in einer Schüssel vermengen und den Saft der Limone, den Honig, die Maiskörner und Salz und Pfeffer hinzufügen. Für die Tomatensoße die Tomaten halbieren, entkernen und das Fruchtfleisch würfeln. Mit der grob gehackten Zwiebel und der entkernten und zerkleinerten roten Paprika in einer anderen Schüssel vermischen. Die feingeschnittene Petersilie, den Saft der Zitrone, Zucker, Senf, Essig, Salz und Pfeffer hinzufügen. Schließlich die Chilischoten sorgfältig entkernen, fein hacken und zu der jeweiligen Soße

Ablaufplan

1. Sahne und Eier für den Kuchen kalt stellen und Backform in die Tiefkühltruhe legen
2. Maiskörner für die Soße auftauen, wenn nötig
3. Hackfleisch zubereiten und ziehen lassen
4. Torte zubereiten und in die Tiefkühltruhe stellen
5. Soßen anrühren
6. Salat und Dressing vorbereiten
7. Grill vorheizen
8. Pilze vorbereiten und unter die Fleischmasse heben, Hamburger vorbereiten
9. Hamburger braten
10. Mandeln rösten und Salat anrichten
11. Hamburger mit Soßen und Salat servieren
12. Torte aus der Form nehmen und dekorieren

Getränke

Bei soviel Zitronensaft, Chili und anderen scharfen Gewürzen liegt es nahe, sich für Bier zum Essen zu entscheiden. Eine Alternative wäre z. B. ein guter kalifornischer Rotwein. Zur Torte paßt natürlich Kaffee, zur Feier des Tages darf es aber auch Sekt sein.

geben. Beide Soßen gut umrühren.

3 Für das Braten der Hamburger den Grill im Ofen, eine geriffelte Grillpfanne oder den Holzkohlengrill gut vorheizen. Die Pilze möglichst fein hacken und unter die Fleischmasse heben; noch einmal mit den Fingern gut durchmischen. Jetzt jeweils eine etwa golfballgroße Portion Hackfleisch zu einem Bällchen rollen, dieses zu einer Scheibe abflachen und auf der Arbeitsfläche auslegen. (Sie brauchen 24 für 12 Burger – das macht zwei pro Person bei 6 Gästen und 1 1/2 pro Person bei acht Gästen.)

4 Den Ziegenkäse in etwa 3 mm dünne Scheiben schneiden und die Hälfte der Burger (also 12) mit jeweils einer Scheibe Käse und einem abgetropften Sardellenfilet belegen. Dann die übrigen 12 Hackfleisch-Scheiben als Deckel obenauf setzen und den Rand rundum jeweils ein wenig andrücken.

5 Die Hamburger auf dem heißen Grill (bzw. in der Pfanne oder unter dem Grill) braten, bis sie auf beiden Seiten schön braun sind. Die genaue Garzeit hängt von dem jeweiligen Grillgerät ab sowie davon, wie gut oder weniger gut durchgebraten Sie Ihre Hamburger haben wollen.

6 Servieren Sie die Hamburger mit der Mais- und der Tomatensoße, die Sie separat in Schalen dazu reichen, und der gehackten roten Zwiebel (wenn gewünscht).

Pazifik-Salat

Die charakteristischen Geschmacksrichtungen der Küchen Kaliforniens und Ostasiens vereinen sich hier zu einem erfrischenden und ungewöhnlich sättigenden Salat, der selbst hartnäckige Grünfutter-Verächter überzeugen wird.

1 großer Kopf Pak-Choy-Salat
170 g Sojasprossen
115 g kernlose Rosinen
4 große saftige Orangen
115 g geraspelte Mandeln

Für die Schnittlauch-Joghurt-Soße:
2–3 EL Sherry-Essig
300 ml Naturjoghurt
Ein Bund Schnittlauch
Salz und Pfeffer

1 Den kleingeschnittenen Pak-Choy mit den Sojasprossen und den Rosinen (eine Handvoll zurückbehalten) in eine Schüssel geben.

2 Die Orangen schälen, in dicke Scheiben schneiden und diese wiederum vierteln. Die Orangenstücke in die Schüssel geben (auch hiervon eine Handvoll zurückbehalten) und alles gut vermischen.

3 Für das Dressing den Essig mit dem Joghurt verrühren und nach Geschmack würzen.

4 Kurz vor dem Servieren die Mandeln über schwacher bis mittlerer Hitze ohne Fett rösten, bis sie braun zu werden beginnen. Die Pfanne dabei ständig in Bewegung halten, weil die Mandelflocken leicht anbrennen. Vom Herd nehmen und beiseite stellen.

5 Den Schnittlauch in das Dressing schneiden und den Salat anmachen. Die zurückbehaltenen Rosinen und Orangenstücke und zum Schluß die gerösteten Mandelflocken darüberstreuen.

Schokoladen-Mandel-Trüffeltorte (s. S. 114)

Schokoladen-Mandel-Trüffeltorte

Nichts ist eines großen Ereignisses würdiger als eine opulente Schokoladentorte. Der Kuchen aus dem Kühlschrank sieht wunderbar aus und schmeckt auch so. Außerdem ist er so mächtig, daß Sie eine stattliche Anzahl von Gästen damit beköstigen können. Da der Kuchen nicht gebacken wird, sollten Sie nur wirklich frische Eier verwenden.

4 EL Crème fraîche oder Crème double
2 frische Eier
250 g hochwertige Bitterschokolade
85 g Butter
2 EL Cointreau
200 g italienische Mandel-Biscotti (Amaretti)
55 g Ingwer am Stück
Geburtstagskuchen-Kerzen und gezuckerte Mandeln zum Dekorieren (nach Belieben)

1 Möglichst lange im voraus den Kühlschrank und das Eisfach auf höchste Stufe schalten. Die Crème fraîche und die Eier in den Kühlschrank stellen und eine Springform von 20 cm Durchmesser ins Eisfach oder in die Tiefkühltruhe legen.

2 Drei Viertel der Schokolade in eine Schüssel bröckeln und im Wasserbad schmelzen. Den Rest der Schokolade in den Kühlschrank legen.

3 In der Zwischenzeit die Butter in einem Töpfchen oder in der Mikrowelle zerlassen. Die Eier trennen und das Eiweiß steif schlagen. In einer weiteren Schüssel die Crème fraîche aufschlagen, bis sie genügend Stand hat.

4 Sobald die Schokolade im Wasserbad geschmolzen ist, die Schüssel in kaltes Wasser stellen und die beiden Eigelb, die zerlassene Butter und den Cointreau hineinrühren. Gut vermischen, dann auch die Crème fraîche und ein wenig vom Eischnee unterheben und gut verrühren. Schließlich den ganzen Rest des Eischnees vorsichtig unterheben.

5 Den Boden der gekühlten Springform fast vollständig mit Biscotti auslegen, wobei sie mit der flachen Seite nach unten liegen sollten. Die restlichen Biskuits in Stücke brechen und unter die Schokoladenmasse heben. Den Ingwer grob hacken und ebenfalls in die Schokolade rühren. Die Schokoladenmasse auf die Biscotti in die Springform gießen, die Oberfläche glattziehen und die Torte für mindestens 45 Minuten ins Eisfach (Kühltruhe) stellen.

6 Vor dem Servieren die Springform aus dem Eisfach holen, kurz in heißes Wasser tunken, damit sie sich besser löst. Die Torte mit Raspeln von der restlichen Schokolade und den Geburtstagskerzen (falls gewünscht) dekorieren. Zuletzt können Sie mit den gezuckerten Mandeln noch den Namen des Geburtstagskindes auf die Torte „schreiben“.

VALENTINSTAG MENÜ

Das Ziel dieses intimen Dinners ist es schlicht und einfach, eine Atmosphäre zu schaffen, in der schwelgerische Romantik ebenso wie verführerisches Knistern Raum greifen können. Die überbordende Fülle luxuriöser kulinarischer Genüsse erscheint auf den ersten Blick zwar leicht verrückt, wirkt aber Wunder, was das Entfachen der Leidenschaft angeht – sei es die einer neuen oder die einer alten Liebe ...

Da beide Teilnehmer dieses Tête-à-tête natürlich so wenig Zeit wie möglich in der Küche verbringen wollen, bietet es sich an, alle vier Gänge vorher so gut wie fertig zu haben und sie dann warm zu halten. Und wenn dann doch mal etwas kalt wird, macht das auch nichts.

Austern und Kaviar

Gegrillte Filetsteaks mit scharfer Pilzsosse

Neue Kartoffeln mit Artischockenherzen

Schnelle Erdbeertörtchen

Für 2

Austern und Kaviar

Bei den Preisen, die Sie zahlen werden (ein Dutzend Austern wird Sie etwa soviel kosten wie ein Flasche Champagner im Supermarkt), wird ein guter Fischhändler die Austern für Sie selbstverständlich säubern und vorbereiten. Viele Händler bieten sie sogar tafelfertig auf Eis gebettet an. Und einige Stunden vor dem Verzehr können Austern bedenkenlos geöffnet werden, solange sie in ihrer Schale gut gekühlt werden.

Wenn Sie sie aber selbst vorbereiten müssen, gut unter kaltem Wasser abbürsten und dann zum Öffnen jede Auster einzeln in einem sauberen, trockenen Küchentuch mit der gewölbten Schalenhälfte nach unten in die linke Hand nehmen (wenn Sie Linkshänder sind, in die rechte), so daß das Schalengelenk von Ihnen weg zeigt. Ein Austernmesser oder ein anderes kurzes, aber kräftiges Messer an diesem Gelenk zwischen die Schalen schieben und durch Hinundherbewegen die Schalen aufbrechen. Achten Sie dabei darauf, die Auster immer gerade zu halten, damit nichts von ihrem kostbaren Saft verlorengeht. Wenn Sie die flache Deckelschale entfernt haben, das Messer am Küchentuch abwischen und das Austernfleisch vorsichtig damit von der gewölbten Schale lösen.

Wenn es nun schon eine solche Delikatesse zum Auftakt des Menüs gibt, sollten Sie sie auch nicht mit Kaviarersatz kombinieren. Kaufen Sie zumindest ein kleines Döschen echten Kaviar oder wenigstens Lachs- oder Forellenrogen – immerhin geht es ja um die Liebe. Wenn Sie je zur Hälfte schwarzen und roten Kaviar nehmen, können Sie damit auch noch einen reizvollen Farbeffekt erzielen.

1 Dutzend Austern
4 EL Kaviar (oder Lachs- oder Forellenrogen)
Cayenne-Pfeffer
Zitronenspalten zum Servieren
Brunnenkresse oder Seetang als Dekoration (nach Belieben)

1 Die Austern in ihren gewölbten Schalenhälften in die Vertiefungen einer Austernplatte legen oder grobes Meersalz auf einer Platte aufhäufen und die Austernschalen hineindrücken.

2 Die Platte mit den Zitronenspalten und Brunnenkresse oder Seetang verzieren.

3 Einen Teelöffel Kaviar (oder Fischrogen) auf jede Auster geben und leicht mit Cayenne-Pfeffer bestäuben.

Getränke

Eine halbe Flasche Chablis zu den Austern, eine halbe Flasche St. Émilion zum Filetsteak und ein Glas süßen Dessertwein zu den Erdbeeren (oder den besten erhältlichen Rosé-Champagner zum ganzen Menü).

Ablaufplan

1. Steaks möglichst lange vor dem Braten aus dem Kühlschrank nehmen
2. Soweit im voraus wie möglich Erdbeeren vorbereiten und zuckern
3. Kartoffeln kochen (oder dämpfen)
4. Grill oder Grillpfanne vorheizen
5. Austern vorbereiten und auf der Platte anrichten (aber noch nicht den Kaviar verteilen)
6. Sahne für die Erdbeeren schlagen und kühl stellen
7. Steaks grillen
8. Während die Steaks garen, Soße zubereiten
9. Kartoffeln abgießen, zubereiten und warm stellen
10. Steaks auf die Teller tun, mit der Soße übergießen und abgedeckt im Ofen warm stellen
11. Milchbrötchen im Ofen erhitzen
12. Austern mit Kaviar anrichten und servieren
13. Steaks und Kartoffeln servieren
14. Erdbeertörtchen zubereiten und servieren

Gegrillte Filetsteaks mit scharfer Pilzsosse

Diese Filetsteaks können natürlich auch auf konventionelle Weise gebraten oder gegrillt werden, wir empfehlen jedoch den Gebrauch einer geriffelten Grillpfanne über sehr starker Hitze. Der direkte Pfannenkontakt versiegelt die Poren, und die Riffel der Pfanne sorgen für das attraktive Streifenmuster auf dem Grillgut.

Mischen Sie bei den Pilzen normale Champignons mit Wildpilzen (für die Sie Ihre Hand ins Feuer legen können). Wenn Sie keine frischen Wildpilze bekommen, nehmen Sie statt dessen Austernpilze und/oder japanische Shiitake-Pilze.

225 g Pilze (verschiedene Sorten, siehe oben)
2 Filetsteaks (je ca. 225 g)
45 g Butter
1 EL Olivenöl (und ein wenig mehr zum Einfetten)
3 Frühlingszwiebeln (und eine weitere zum Garnieren, wenn gewünscht)
1 EL Balsam-, Sherry- oder Rotweinessig (erste Qualität)
100 ml Rotwein
Ein Spritzer Worcester-Soße
Ein Spritzer Tabasco
Salz und Pfeffer

1 Den Grill auf höchster Stufe vorheizen bzw. die Grillpfanne über starker Flamme erhitzen. Die Champignons putzen und in dünne Scheiben schneiden. Die Wildpilze (oder Austern- oder Shiitake-Pilze) durchsehen und, wenn nötig, kleinschneiden.

2 Die Grillpfanne bzw. den Grillrost leicht einölen und die Steaks je nach Wunsch grillen: zwischen zwei Minuten pro Seite (blutig) und fünf Minuten pro Seite (gut durch).

3 Während das Fleisch gart, die Soße zubereiten: Die Hälfte der Butter zusammen mit dem Öl in einer Sauteuse zergehen lassen. Die kleingeschnittenen Frühlingszwiebeln darin über mittlerer Hitze etwa eine Minute anschmoren, bis sie gerade weich zu werden beginnen.

4 Dann die Hitze etwas erhöhen, die Champignons dazugeben und 2–3 Minuten sautieren.

5 Jetzt zusammen mit dem Essig die Wild- oder sonstigen Pilze hinzufügen und alles 1–2 Minuten weiter schmoren lassen, bis die Wildpilze weich und dunkel sind.

6 Wein, Worcester-Soße und Tabasco dazugießen und mit Salz und Pfeffer abschmecken. Zum Ablöschen der Pfanne über starker Flamme eine Minute rühren, dann die restliche Butter unterziehen.

7 Die Steaks auf die Teller legen, die Soße mit dem Löffel darübergeben und bei Bedarf mit zerkleinerten Frühlingszwiebeln garnieren.

Wenn die Zeit reicht
Anstelle der Wildpilze können Sie auch geschnittene Trockenpilze wie z. B. Steinpilze verwenden (Sie benötigen etwa 30 g). Die Pilze gut abspülen und 30 Minuten in Wein einweichen.

Neue Kartoffeln mit Artischockenherzen

Zu den wirklich nützlichen Neuerungen, die man neuerdings immer häufiger in unseren Supermärkten finden kann, zählen die Schalen mit leckeren kleinen neuen »Designer«-Kartoffeln, die praktisch das ganze Jahr über angeboten werden. Sie sind praktisch ohne weitere Vorbereitung gebrauchsfähig.

Tip

Um sicherzugehen, daß es sich bei einem Angebot wirklich um „neue" Kartoffeln handelt, reiben Sie mit dem Finger einmal kräftig über die Schale: wenn diese sich abrubbeln läßt, ist die Ware in Ordnung.

225 g kleine neue Kartoffeln
30 g Butter
225 g Artischockenherzen aus der Dose
1/2 Zitrone
Einige Stengel Schnittlauch
Ein Bund Petersilie
Salz und Pfeffer

1 Die Kartoffeln kochen, bis sie weich, aber noch bißfest sind, was je nach Sorte und Größe zwischen 10 und 20 Minuten dauern wird. Abgießen, in den Topf zurückschütten und über schwacher Hitze trocknen.

2 Die Butter und die abgetropften Artischockenherzen dazugeben und den Topf über schwacher Hitze vorsichtig rütteln, bis sich alles gut vermischt hat.

3 In eine vorgewärmte Schüssel umfüllen und ein wenig Zitronensaft darüberträufeln.

4 Gut würzen und den kleingeschnittenen Schnittlauch und die Petersilie darüberstreuen.

Schnelle Erdbeertörtchen

170 g Erdbeeren
3 EL Zucker
2 große frische Milchbrötchen (Scones)
150 ml Crème double
1 EL (nach Geschmack auch mehr) Grand Marnier oder ein anderer Likör mit Orangengeschmack
20 g Butter

1 Die Erdbeeren waschen und entstielen, mit Küchenpapier trockentupfen und der Länge nach in dicke Scheiben schneiden.

2 Die Erdbeerscheiben in einer Schüssel zuckern, beiseite stellen und so lange wie möglich ziehen lassen.

3 Die Scones auf einem Backblech bei niedriger Hitze im Ofen erwärmen.

4 In einer anderen Schüssel die Crème double mit dem Likör aufschlagen, bis sie steif ist.

5 Die warmen Scones aus dem Ofen nehmen, wie Brötchen aufschneiden und die beiden unteren Hälften mit Butter bestreichen.

6 Die beiden unteren Hälften jeweils mit einer dicken Lage Erdbeeren belegen und großzügig mit der Sahne bestreichen.

7 Die beiden ungebutterten Oberhälften wieder aufsetzen, mit einem Sahnehäubchen versehen und die restlichen Erdbeerscheiben darin feststecken.

8 Alle Erdbeerscheiben, die Sie nicht mehr untergebracht haben , rund um die Törtchen dekorieren und sofort servieren.

Wenn die Zeit reicht
Aus Papier ein kleines Herz ausschneiden (etwas kleiner als der Querschnitt der Scones), auf die oberste Erdbeerschicht legen und mit Puderzucker (durch ein Sieb) bestäuben. Wenn Sie das Papier vorsichtig wegheben, bleibt ein niedliches rotes Herzchen zurück.

FESTESSEN ZUM HOCHZEITSTAG

An einem solchen Jahrestag sollten Sie sich eigentlich gegenseitig feiern – warum also nicht auch gemeinsam (eventuell nach Gängen verteilt) kochen? Und natürlich soll das Essen zwar erlesen, aber einfach zuzubereiten sein, schließlich wollen Sie möglichst wenig Arbeit mit der Vorbereitung haben, aber dennoch ein denkwürdiges Festmenü genießen. Die traditionelle Reihenfolge von Fisch und Fleisch ist in dem hier vorgeschlagenen Menü vertauscht: Wir beginnen mit Gänseleberpastete als Vorspeise und servieren den Fisch als Hauptgang. Das Rezept für Athole Brose, eine schottische Süßspeise aus Hafermehl, Honig und Whisky, finden Sie auf Seite 141.

Sautierte Foie Gras mit Sauternes-Sultaninen

Salat mit warmen Jakobsmuscheln

Athole Brose

Für 2

Getränke

Den Rest der halben Flasche Sauternes trinken Sie zur Vorspeise; als Kontrast zu der zitronigen Vinaigrette des Hauptgangs wählen Sie einen frischen, leichten Weißwein, z. B. einen Pouilly-Fuissé oder einen Elsässer Silvaner. Wenn Sie auch zum Dessert noch Lust auf Alkohol haben, bietet sich ein Glas Whisky an.

Sautierte Foie Gras mit Sauternes-Sultaninen

Dieses wahrhaft superbe Gericht soll angeblich aus dem berühmten Pariser Restaurant Jamin stammen, allerdings noch aus der Zeit, bevor Meisterkoch Joël Robuchon dort die Wendung von der Nouvelle cuisine zurück zu Omas Küche einleitete.

2 gehäufte EL Sultaninen
3 EL Sauternes
2 dicke Scheiben frische Enten- oder Gänseleberpastete (Foie Gras), je ca. 55 g
1 EL Cognac
30 g Butter
2 dicke Scheiben Brioche
3 EL Hühnerbrühe (oder Consommé aus der Dose)
Mehl zum Bestäuben

1 Die Sultaninen in einem Töpfchen mit dem Sauternes übergießen und ihnen mindestens 10 Minuten geben, um sich vollzusaugen.

2 In der Zwischenzeit die beiden Scheiben Foie Gras auf einen Teller legen, mit dem Cognac beträufeln und so lange marinieren, wie die Sultaninen einweichen.

3 Den Topf mit den vollgesogenen Sultaninen aufs Feuer setzen und zum Köcheln bringen.

4 Während die Sultaninen simmern, die Foie Gras vorsichtig abtropfen lassen und auf einen anderen Teller heben. Dort beide Seiten ganz leicht mit Mehl bestäuben.

5 Zwei Drittel der Butter in einer kleinen Pfanne über mittlerer Hitze zerlassen und die Foie-Gras-Scheiben etwa 2–3 Minuten pro Seite darin bräunen.

6 In der Zwischenzeit die Brioche-Scheiben leicht antoasten und auf zwei Teller legen.

7 Die sautierten Scheiben der Gänseleberpastete auf die Brioche-Scheiben legen.

8 Das beim Sautieren ausgetretene Fett abgießen und die Pfanne mit den Cognac-Resten vom Marinier-Teller und der Hühnerbrühe ablöschen (durch ständiges Rühren nachhelfen). Die Sultaninen und den Wein hineinrühren und einige Minuten aufkochen lassen. Zum Schluß die Soße mit der restlichen Butter binden.

9 Über die Foie Gras gießen und servieren.

Ablaufplan

1. Crème double für Athole Brose in den Kühlschrank stellen
2. Sultaninen einweichen und Foie Gras marinieren
3. Athole Brose zubereiten und kalt stellen
4. Speck für den Salat fettlos braten und Gemüse vorbereiten
5. Dressing für den Salat zubereiten
6. Salat mit Dressing anmachen und auf Portionstellern anrichten
7. Sultaninen zum Köcheln bringen
8. Foie Gras mit Mehl bestäuben und sautieren
9. Brioche-Scheiben toasten und die Foie Gras darauflegen
10. Pfanne ablöschen und Soße für Foie Gras zubereiten
11. Foie Gras fertig anrichten und servieren
12. Jakobsmuscheln vorbereiten und braten
13. Salat anrichten und servieren

Salat mit warmen Jakobsmuscheln

Jakobsmuscheln werden zum Teil zu exorbitanten Preisen angeboten, so daß man sie ruhig halbieren sollte, um ein wenig mehr von ihnen zu haben. Außerdem verringert sich so die Garzeit und damit die Gefahr, daß sie zäh werden.

1–2 Streifen durchwachsener Speck
1/2 grüne Paprika
1/2 rote Paprika
2 Selleriestangen
3–4 Frühlingszwiebeln
1 Schale Salatmischung mit fertig gewaschenen Blättern (wählen Sie knackige, bunte Sorten)
55 g kernlose Muskateller-Trauben
1 große reife Birne
5 große Jakobsmuscheln (oder mehr, wenn es das Portemonnaie zuläßt)
30 g Walnußhälften

Für die Limonen-Sahne-Vinaigrette:
1/2 Limone
5 EL Sonnenblumenöl
1 EL Crème fraîche
Salz und Pfeffer

1 Den Speck in kleine Streifen schneiden und in einer kleinen Teflonpfanne ohne Fett knusprig braten. Aus der Pfanne heben und auf Küchenpapier abtropfen lassen. Das beim Braten ausgetretene Fett in der Pfanne lassen.

2 Die beiden Paprikaschoten entkernen und in dünne Streifen schneiden. Die Selleriestangen in Stücke schneiden und die Frühlingszwiebeln so fein wie möglich zerkleinern.

3 Für die Vinaigrette den Saft der halben Limone in das Öl pressen, die Crème fraîche damit verrühren und abschmecken. Zum Mischen gründlich aufschlagen.

4 Den Salat, den Speck und das vorbereitete Gemüse in eine Salatschüssel schichten. Bis auf eine große Handvoll alle Trauben hinzufügen. Die Birne schälen und entkernen, in dicke Scheiben schneiden und ebenfalls zum Salat geben. Das Dressing noch einmal aufschlagen und über den Salat gießen. Mit Schütteln gut vermischen und den Salat auf Portionstellern verteilen.

5 Die Pfanne mit dem Fett vom ausgelassenen Speck bei großer Hitze erwärmen. Die Jakobsmuscheln halbieren, so daß je zwei runde Scheiben entstehen, die rosa Korallen aber ganz lassen. Die Hitze eine wenig reduzieren und die Jakobsmuscheln und alle Korallenstücke 30 Sekunden pro Seite anbraten, aber auf keinen Fall zu weit garen!

6 Die gegarten Jakobsmuscheln auf den Salat betten und mit den restlichen Trauben und den Walnüssen garnieren. Sofort servieren.

Wenn die Zeit reicht
Als I-Tüpfelchen für den Salat eignen sich knusprige Knoblauch-Croutons (Rezept siehe Seite 142), von denen Sie ein knappe Handvoll am Schluß über den Salat streuen.

Warme Jakobsmuscheln auf Waldorfsalat

GLÜCK WUNSCH PARTY

Dieses deftig-kräftige Menü ist dazu da, die Person, zu deren Ehren Sie es zubereiten, richtig zu verwöhnen. Wenn Sie zusätzlich noch einen Salat servieren wollen, sollten Sie es einmal mit Feldsalat oder Brunnenkresse versuchen. Der Salat wird mit Walnuß- oder Olivenöl beträufelt, leicht mit Salz und Pfeffer gewürzt und in den Kühlschrank gestellt, bis er nach dem Fischgang serviert wird. Sie werden sehen, er wirkt sehr erfrischend. Dies gilt ebenso für das pikante Preiselbeer-Coulis, das zum Dessert vorgesehen ist. Das herb-säuerliche Coulis bildet einen wunderbaren Kontrast zu sahnigem Vanille-Eis, und Sie sollten deshalb für das Dessert nur Eis von höchster Qualität verwenden.

PILZ-KÄSE-CROUSTADES

GEBACKENER HEILBUTT AUF KAPERN UND PETERSILIE

VANILLE-EIS MIT PREISELBEER-COINTREAU-COULIS

Für 2

Pilz-Käse-Croustades

Eine süße, weiche Brioche bildet die ideale Grundlage für saftige Pilze. Eine Brioche, die ein oder zwei Tage im Kühlschrank gelagert war, läßt sich besser schneiden und eignet sich auch besser für die Weiterverarbeitung unter dem Grill.

Circa 225 g gemischte Pilze (z. B. Champignons, Austernpilze und Pfifferlinge)
1 1/2 EL Erdnuß-, Sonnenblumen- oder leicht aromatisiertes Olivenöl
1 TL Balsamessig
4 Scheiben Brioche (nicht mehr ganz frisch)
30 g (weiche) Butter
30 g Blauschimmelkäse (z. B. Gorgonzola)
30 g reifer Ziegenkäse
Eine Handvoll Rauke- oder Sauerampferblätter
Salz und Pfeffer

1 Den Grill auf höchster Stufe vorheizen. Die Pilze putzen und je nach Sorte vorbereiten: Austernpilze auseinanderreißen, Champignons in dünne Scheiben schneiden, kleine Pfifferlinge ganz lassen.

2 Das Öl in einer großen Sauteuse oder Bratpfanne erhitzen. Die Pilze hineinwerfen, ein wenig salzen und 3–4 Minuten unter gelegentlichem Rühren über ziemlich starker Flamme sautieren, bis sie gerade gar sind und einen goldenen Schimmer bekommen haben.

3 Den Balsamessig darüberträufeln und verrühren. Die Pilze dann auf einer doppelten Schicht Küchenpapier gut abtropfen lassen.

4 In der Zwischenzeit die Brioche-Scheiben auf einer Seite toasten und die nicht getoastete Seite dünn mit Butter bestreichen.

5 Die geschmorten Pilze auf die gebutterten Seiten der Brioche verteilen, salzen und pfeffern. Den Käse zerkleinern und zwei Pilz-Brioche-Scheiben mit dem Blauschimmel-, die anderen beiden mit dem Ziegenkäse belegen. Unter den Grill schieben, bis der Käse beginnt, Blasen zu werfen.

6 In der Zwischenzeit zwei Teller mit den Rauke- oder Sauerampferblättern dekorieren.

7 Jeweils eine Blauschimmel- und eine Ziegenkäse-Pilz-Croustade auf einen Teller legen, etwas nachpfeffern und sofort servieren.

Ablaufplan

1. Wein kalt legen
2. Ofen vorheizen und Wasser für die Kartoffeln aufsetzen
3. Kartoffeln vorbereiten und kochen
4. Pilze sautieren und abtropfen lassen, Brioches auf einer Seite toasten
5. Das Preiselbeer-Coulis zubereiten
6. Salat (wenn vorgesehen) anmachen und kühl stellen
7. Grill vorheizen, Brioches mit Pilzen und Käse belegen
8. Frühlingszwiebeln, Petersilie und Kapern dünsten
9. Vanille-Eis antauen lassen
10. Heilbutt braten und zwischen den Gängen anrichten
11. Croustades grillen und servieren
12. Preiselbeer-Coulis vor dem Servieren erhitzen (wenn gewünscht)

Getränke

Einem Tröpfchen Champagner vor dem Essen und vielleicht auch zur Vorspeise sollte zum Fisch ein trockener Weißwein folgen. Wie wäre es zum Beispiel einmal mit einem Chardonnay aus Neuseeland?

Gebackener Heilbutt auf Kapern und Petersilie

Die deftig-eigenwillige Mischung aus Kapern, Petersilie und Sardellen paßt gut zu einem festen Fisch wie dem reellen Heilbutt. Achten Sie darauf, den Fisch nicht zu lange zu garen, er wird sonst trocken. Länger als zehn Minuten sollten Sie ihn nicht im Ofen lassen.

2 gehäutete Heilbuttfilets, je ca. 170 g
2 Frühlingszwiebeln
4–6 Stengel glattblättrige Petersilie
4 Sardellenfilets, abgetropft
30 g Butter
2 TL Erdnuß- oder Sonnenblumenöl
1 knapper TL Kapern
6 EL trockener Weißwein
4 EL Schlagsahne
Salz und Pfeffer

1 Den Ofen auf 220 °C vorheizen (Gas: Stufe 7). Den Fisch leicht salzen und etwas großzügiger pfeffern. Die Frühlingszwiebeln in dünne Scheiben und die Petersilie kleinschneiden (einige Blätter für die Garnitur zurückbehalten). Die Sardellen fein hacken.

2 Die Hälfte der Butter zusammen mit dem Öl in einem ofenfesten Schmortopf über mittlerer Hitze zerlassen und Kapern, Frühlingszwiebeln und Petersilie zwei Minuten darin sautieren, dann die Hälfte des Weins dazugießen und den Topf schwenken.

3 Den Topf vom Feuer nehmen und den Fisch auf das Bett aus Zwiebeln, Kapern und Petersilie legen, mit den gehackten Sardellen bestreuen und mit der restlichen Butter bestreichen. Den Topf locker mit Alufolie abdecken.

4 Den Fisch im Ofen 6–8 Minuten backen, bis er gerade gar ist und auseinanderzufallen beginnt, wenn man ihn vorsichtig mit der Gabel anstößt. Den Fisch aus dem Topf heben und auf zwei vorgewärmten Tellern warm halten.

5 Den Topf bei mittlerer Hitze wieder auf den Herd stellen, den restlichen Wein hineingießen, kurz aufkochen lassen und einige Sekunden durchrühren. Dann mit dem Schneebesen die Sahne unterschlagen.

6 Die Soße über den Fisch löffeln, die Teller mit der zurückbehaltenen Petersilie dekorieren und sofort servieren.

Vanille-Eis mit Preiselbeer-Cointreau-Coulis

Circa 350 g Preiselbeeren, frisch oder tiefgefroren
3–4 EL Zucker
2 EL Cointreau
Puderzucker (nach Wunsch)
Vanille-Eis

1 Die Preiselbeeren zusammen mit dem Zucker und sechs Eßlöffeln Wasser über mittlerer Hitze zum Simmern bringen.

2 Ein paar Minuten lang ständig rühren, bis die Beeren aufplatzen.

3 Vom Herd nehmen und abkühlen lassen. Die Beerenmasse kurz in einer Küchenmaschine oder mit dem Pürierstab pürieren.

4 Das Preiselbeermus durch ein Sieb in eine Schüssel streichen, den Cointreau unterrühren und eventuell mit Puderzucker süßen. Das Coulis vor dem Servieren (mit Vanille-Eis) wieder erwärmen.

LAST-MINUTE REZEPTE FÜR WEIHNACHTEN

Trotz all der üblichen Vorplanungen ist gerade in der Zeit rund ums Fest erfahrungsgemäß immer wieder Improvisationstalent gefragt. Einmal haben sich vielleicht überraschend Gäste angesagt; ein anderes Mal ist beim Kochen etwas schiefgegangen, oder Sie haben vergessen, eine wichtige Zutat rechtzeitig aufzutauen, und nun sind Sie gezwungen, in letzter Minute umzudisponieren. Vielleicht möchten Sie aber auch nur aus den Resten der vergangenen Tage ein leichtes Essen für überfütterte Mägen zubereiten. Um Sie auf alle Eventualitäten vorzubereiten, haben wir in diesem Kapitel die unterschiedlichsten Gerichte zusammengestellt: vom Familienessen über Partysnacks für um die zehn Gäste bis hin zum Dinner in trauter Zweisamkeit.

Für 2–10

Geräucherte Engel und Teufel

Diese leckeren Röllchen machen nicht nur optisch viel her, sondern sind auch die perfekten Häppchen zum Drink. Der intensive Geschmack der geräucherten Austern steht in reizvollem Kontrast zu dem der süßen Pflaumen.

Ergibt 48 Röllchen

125 g geräucherte Austern aus der Dose
250 g entsteinte Pflaumen
12 dünne Streifen durchwachsener Speck ohne Schwarte
Schwarzer Pfeffer
Cayenne-Pfeffer

1 Grill vorheizen. Eine Handvoll hölzerner Cocktailspieße (oder Zahnstocher) in Wasser einweichen, damit sie beim Braten nicht anbrennen.

2 Die Austern abgießen und auf Küchenpapier abtropfen lassen. Große Pflaumen halbieren, damit sie möglichst die gleich Größe wie die Austern haben.

3 Die Speckstreifen erst der Länge nach, dann noch einmal quer halbieren. Das geht am schnellsten, wenn man die Streifen aufeinanderlegt und als Stapel schneidet.

4 Die Hälfte der Speckstreifen in der Mitte mit je einer Auster, die andere Hälfte mit je einer Pflaume belegen. Mit schwarzem und Cayenne-Pfeffer würzen, den Speck um die Füllung wickeln und mit einem Cocktailspieß (Zahnstocher) fixieren.

5 Die Röllchen unter dem Ofengrill oder in einer Grillpfanne etwa 10 Minmuten braten (nach der Hälfte der Zeit wenden), bis der Speck schön gebräunt ist.

6 Heiß oder warm servieren.

Eingemachter Käse

Für 4

45 g Butter
30 g Walnüsse
115 g Cheddar-Käse
Einige Tropfen Worcester-Soße (nach Belieben)
1 EL Bier
Pfeffer

1 In einem Topf über schwacher Hitze 20 g Butter zerlassen.

2 In der Zwischenzeit die Walnüsse in der Küchenmaschine grob hacken. Den Käse, die restliche Butter und die Worcester-Soße (wenn verwendet) dazugeben und noch einmal kurz durchschlagen. Der Käse sollte nicht zu stark püriert werden.

3 Bei laufender Maschine langsam das Bier einfließen lassen. Sobald das Bier aufgenommen und eine dicke Paste entstanden ist, die Küchenmaschine abschalten.

4 Die Masse in eine Schüssel oder in ein passendes Glas umfüllen und mit einem Holzspatel fest in das Gefäß drücken. Die Oberfläche glätten und mit der zerlassenen Butter versiegeln. Bis zum Servieren in den Kühlschrank stellen.

Variante
Nehmen Sie Blauschimmelkäse anstelle von Cheddar und Portwein anstelle von Bier.

Omelette-Soufflé mit Räucherlachs

Dieses wunderbar leichte und dennoch äußerst schmackhafte Omelette schmeckt nicht nur zum Frühstück oder einem Brunch köstlich, sondern auch zu den Zeiten während der Festtage, da Sie zwischendurch oder spätabends Hunger auf einen kleinen Snack haben und kein Fleisch mehr essen mögen.

Für 6

115 g Räucherlachs (oder Lachs-Abschnitte)
5 EL Crème fraîche
8 Eier
55 g reifer Cheddar-Käse
Ein Bund Schnittlauch (nach Belieben)
30 g Butter
30 g Parmesan
Salz und Pfeffer

1 Den Räucherlachs grob zerkleinern und in einer Schüssel mit der Crème fraîche vermengen. Kräftig würzen, denn die Salz- und Pfeffermenge soll gleich für die Eier mit ausreichen.

2 Die Eier trennen, die Eigelbe kurz aufschlagen und unter die Crème fraîche ziehen, dann den Käse (Cheddar) hineinreiben und alles gut vermischen.

3 Das Eiweiß in einer großen Schüssel steif schlagen. Zwei oder drei große Löffel voll davon in die Crème fraîche einrühren und zum Auflockern der Masse den kleingeschnittenen Schnittlauch (wenn verwendet) untermischen. Dann den restlichen Eischnee mit dem Rand eines großen Metallöffels vorsichtig unterheben.

4 Den Grill vorheizen, eine ofenfeste Platte anwärmen, aber nicht zu heiß werden lassen, und in einer großen, schweren Pfanne über mittlerer Hitze die Butter zerlassen. Während die Butter schmilzt, den Parmesan reiben.

5 Wenn die Butter in der Pfanne braun zu werden beginnt, die Omelettemasse hineingießen und über schwacher bis mittlerer Hitze garen, bis der Rand langsam aufgeht. Die Pfanne ab und an schwenken und das Omelette in dem Moment, wo es sich frei in der Pfanne zu bewegen beginnt (was bedeutet, daß der Boden gestockt ist), auf die vorgewärmte Platte rutschen lassen.

6 Mit dem geriebenen Parmesan bestreuen und unter den Grill schieben, bis das Omelette aufgegangen und an der Oberseite schön goldbraun ist. Sofort servieren.

Varianten
Wenn Sie das Omelette noch garnieren möchten, können Sie zum Schluß noch etwas zusätzlichen Schnittlauch oder glattblättrige Petersilie darüberstreuen. Für einen großen Auftritt können Sie auch Kaviar (oder Lachsrogen) als Garnitur nehmen.

Gratin von Kartoffeln, Sellerie und Pastinaken

Normalerweise müssen Gratins sehr lange im Ofen backen. In diesem Rezept werden die Kartoffeln und das übrige Gemüse deshalb geraspelt und vorher in heißer Butter gewendet, was die Garzeit enorm verkürzt.

Für 8–10

30 g Butter
450 g Pastinaken
450 g Knollensellerie
450 g Kartoffeln
1 große Zwiebel
3 dicke Knoblauchzehen
115 g reifer Cheddar-Käse
575 ml Crème fraîche
Eine große Prise Paprikapulver
Eine große Prise Senfpulver
Salz und Pfeffer

1 Den Ofen auf 200 °C vorheizen (Gas: Stufe 6). Die Seiten einer großen feuerfesten Kasserolle leicht mit Butter fetten.

2 Kartoffeln, Sellerie und Pastinaken schälen und mit Hilfe der Küchenmaschine grob raspeln. Alles auf einem großen sauberen Küchentuch ausbreiten und möglichst sorgfältig trockentupfen.

3 Die Kasserolle auf mittlerer Flamme erhitzen und die restliche Butter darin zerlassen. Zwiebel und Knoblauch schälen, kleinhacken und in der heißen Butter glasig werden lassen. Das geraspelte Gemüse dazugeben und etwa eine Minute lang mit der Butter verrühren. Vom Feuer nehmen.

4 Den Käse reiben und die Hälfte davon unter die Crème fraîche rühren. Die Mischung mit Salz und Pfeffer, dem Paprika- und dem Senfpulver würzen.

5 Die Creme über das geraspelte Gemüse verteilen und den restlichen geriebenen Käse darüberstreuen.

6 Etwa 30 Minuten im Ofen backen, bis die Oberfläche goldbraun ist.

Geschmorter Rotkohl mit Mandarinen

Für 6

450 g Rotkohl
1 EL Weißweinessig
1 EL Erdnuß- oder Sonnenblumenöl
45 g Butter
Je eine Prise Muskat und Zimt
1 TL Zucker
2 TL frischer Orangensaft
3 süße, reife Mandarinen oder Klementinen
Salz und Pfeffer

1 Den Kohl putzen und in feine Streifen schneiden. In einer großen Sauteuse mit etwas Salz, Wasser und dem Essig zum Kochen bringen, 5 Minuten simmern lassen, abgießen und zur Seite stellen.

2 Den Topf bei mittlerer Hitze wieder aufsetzen, das Öl darin erhitzen. Butter und Gewürze hineingeben und eine Minute verrühren.

3 Dann den Kohl hinzufügen, mit dem Zucker bestreuen, mit dem Orangensaft beträufeln und 2–3 Minuten rühren, den Topf abdecken und den Rotkohl sanft köcheln lassen.

4 Währenddessen die Mandarinen pellen und in Stücke teilen. Die Mandarinenstücke unter den Rotkohl mischen, 2–3 Minuten ziehen lassen und den Topf dabei hin und wieder schwenken.

Geschmorter Rotkohl mit Mandarinen

Weihnachts-Sandwich

Sandwiches eignen sich hervorragend, um Reste aller Art zu verwerten. Verwenden Sie dafür aromatisches Brot, zum Beispiel Sauerteig- oder Vollkornbrot oder ein gutes Baguette.

Für 2

4 Streifen Bacon
2 Eigelb
2 EL Zitronensaft
150 ml Olivenöl
150 ml Sonnenblumenöl
45 g Blauschimmelkäse (Stilton)
2 mittelgroße Tomaten
1 TL Balsamessig
1/2 Avocado
Ein kleines Bund glattblättrige Petersilie
6 Scheiben gutes Brot (siehe oben)
4 Scheiben Putenbraten
Salz und Pfeffer

1 Den Bacon kroß anbraten. In der Zwischenzeit in der Küchenmaschine eine Mayonnaise anrühren: Das Eigelb mit einem Eßlöffel Zitronensaft verquirlen. Die beiden Ölsorten miteinander verrühren und dann bei laufender Maschine langsam in das Eigelb einfließen lassen, bis eine dicke, cremige Masse entsteht. Den Käse und 1 Teelöffel Zitronensaft dazugeben. Die Maschine noch einmal anstellen, bis der Käse gut untergemischt ist. Abschmecken.

2 Die Tomaten in Scheiben schneiden und mit Balsamessig beträufeln. Die Avocado schälen, in Scheiben schneiden und mit Zitronensaft beträufeln. Die Petersilie fein hacken und die Speckstreifen halbieren.

3 Zwei der Brotscheiben mit Mayonnaise bestreichen und mit Petersilie bestreuen. Dann mit Speck und Avocado belegen, mit Petersilie, Salz und Pfeffer würzen. Zwei weitere Brotscheiben auf beiden Seiten mit Mayonnaise bestreichen und obenauf legen.

4 Es folgen die Hälfte der Tomatenscheiben, dann der Putenbraten und schließlich die restlichen Tomaten. Würzen und die letzten beiden Scheiben Brot auf einer Seite mit Mayonnaise bestreichen und mit der bestrichenen Seite nach unten als Deckel obenauf legen. Jedes Sandwich mit einem Spieß absichern.

Putenfrikassee

Für 3–4

2 EL Erdnuß- oder Sonnenblumenöl
1 Knoblauchzehe
6 EL Portwein oder Sherry
1 EL körniger Senf
Ein Bund glattblättrige Petersilie
1/2 TL getrockneter Thymian
1/2 TL Salbeipulver
1/2 kleine Orange
Tabasco und Worcester-Soße
Circa 450 g fertiger Putenbraten
2 EL Sahne
20 g Butter
Salz und Pfeffer

1 Das Öl in einem Wok, einer großen Sauteuse oder Bratpfanne sehr heiß werden lassen. Den Knoblauch schälen und in die Pfanne pressen. Ein paar Sekunden verrühren, dann Portwein, Senf, Petersilie, Salbei und Thymian einrühren, dabei etwas Petersilie für die Garnitur zurückbehalten.

2 Von der halben Orange ein wenig Schale abreiben und den Saft auspressen. Beides zusammen mit je einem Spritzer Tabasco und Worcester-Soße in die Pfanne geben. Die Mischung unter ständigem Rühren 1–2 Minuten simmern lassen.

3 Den Putenbraten in Streifen schneiden und in der Gewürzmischung bei leicht reduzierter Hitze etwa 3 Minuten unter ständigem Rühren heiß werden lassen.

4 Die Sahne und die Butter unterrühren und abschmecken. Die restliche Petersilie darüberschneiden und sofort servieren.

Geflügelbrühe

Für diese gehaltvolle Brühe können Sie alles verwenden, was vom großen Fest-Putenbraten übriggeblieben ist: Knochen, Abschnitte, Haut u.a. Das dunkle Fleisch, vom Schenkel z. B., gibt mehr Geschmack als das Brustfleisch. Essen Sie Reste von letzterem also lieber kalt auf Brot.

Für 4–6

Reste vom Putenbraten (auch Knochen, Haut etc. – siehe oben)
2 Lorbeerblätter
10 schwarze Pfefferkörner
4–6 Selleriestangen mit Blättern
3–4 Möhren
2–3 Stangen Lauch
1 große Zwiebel
Ein Bund krause Petersilie
55 g Basmati-Reis
150 ml Crème fraîche
Einige Tropfen Worcester-Soße
Salz und Pfeffer

1 Die Reste vom Putenbraten mit den Lorbeerblättern, den Pfefferkörnern und einer großen Prise Salz in einen großen Topf geben. Mit Wasser bedecken und bei großer Hitze erwärmen.

2 Selleriestangen, Möhren und Lauch waschen und zurechtstutzen. Die Zwiebel an beiden Enden kappen, aber nicht schälen, sondern vierteln. Zwei Selleriestangen und eine Möhre in größere Stücke schneiden. Wenn alles fertig ist, die Zwiebelviertel, die Möhren- und Selleriestücke, die gewaschene Petersilie und die gewaschenen grünen Abschnitte der Lauchstangen mit in den Topf geben. Wenn nötig, Wasser nachfüllen.

3 Die Putenbrühe aufkochen und mehrere Minuten kräftig sprudeln lassen, dann den entstandenen Schaum abschöpfen.

4 Weitere 20 Minuten simmern lassen. In dieser Zeit das restliche Gemüse fein hacken.

5 Nach diesen 20 Minuten die Brühe durch ein Sieb oder einen Durchschlag seihen und in den Topf zurückgießen. Das frisch gehackte Gemüse und den Reis hinzufügen, die Brühe wieder erhitzen und weitere 10 Minuten köcheln lassen, bis das Gemüse und der Reis gar sind.

6 In der Zwischenzeit von den abgekühlten Putenresten das noch verwertbare Fleisch ablösen und kleinschneiden.

7 Das Fleisch zusammen mit der Crème fraîche in die Suppe rühren. Mit Salz, Pfeffer und Worcester-Soße abschmecken und zum Schluß ein wenig gehackte Petersilie hineinstreuen.

Viel Wirkung – wenig Aufwand: Eine Sammlung von Grundrezepten

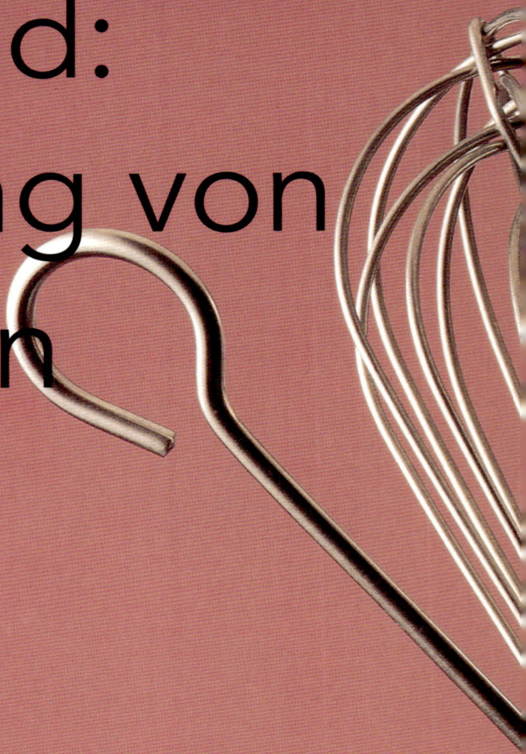

SCHNELLE DIPS

SCHNELLE SOSSEN

IDEEN FÜR FERTIGE ZUTATEN

SCHNELL GEMACHT – MIT SAHNE

SCHNELL GEMACHT – MIT BROT

SCHNELLE DIPS

Mango-Chutney-Crème-fraîche-Dip
Ein oder zwei gehäufte Eßlöffel eines milden und süßen Mango Chutney verrührt mit einem Becher Crème fraîche – schon haben Sie einen wunderbaren Dip für Rohkost-Gemüse oder verschiedenartige Cracker, mit denen Sie ein interessantes Knabber-Sortiment arrangieren können.

Blauschimmelkäse-Walnuß-Dip
Vermischen Sie einen weichen Blauschimmelkäse wie z. B. Gorgonzola mit ein wenig flüssiger Sahne, bis Sie eine gute Dip-Konsistenz haben. Dann grob gehackte Walnüsse unterheben. Zu Rohkost-Gemüse oder Streifen warmen Fladenbrots servieren.

Parmesan-Zwiebel-Dip
Eine rote Zwiebel fein hacken und in Crème fraîche einrühren. Ein großes Stück Parmesan hineinreiben und mit schwarzem Pfeffer würzen. Zu Rohkost-Gemüse oder Chicorée- und Radicchio-Blättern reichen.

Aïoli
Zwei oder drei Knoblauchzehen mit ein wenig Meersalz in einem Mörser zerstoßen und mit dem Ei vermischen, mit dem Sie die selbstgemachte Mayonnaise (Rezept siehe rechts) anrühren. Mit Zitronensaft soweit verlängern, bis sich eine gute Dip-Konsistenz einstellt. Aïoli ist sicher die köstlichste Beilage zu Gemüse-Rohkost, paßt aber auch zu Ei, Fisch und Schalentieren.

Avocado-Käse-Dip
Den Inhalt einer kleinen Packung Frischkäse in der Küchenmaschine glattrühren. Drei oder vier Frühlingszwiebeln und je eine Handvoll Koriandergrün und Petersilie dazugeben. Mit dem Saft von ein oder zwei Zitronen (oder Limonen), einem Spritzer Worcestersoße sowie Salz und Pfeffer würzen. Zwei große, reife Avocados schälen, halbieren, entsteinen und mit der Frischkäsemasse pürieren.

Limonen-Ingwer-Chili-Tunke
Ein Stück geschälten frischen Ingwer in den Saft von zwei Limonen reiben. Eine rote Chilischote entkernen, fein hacken und gut mit dem Zitronensaft verühren. Ein oder zwei Knoblauchzehen pressen und hinzufügen, ebenso wie eine entkernte und fein gehackte grüne Paprika. Einen Teelöffel Pfeilwurzstärke in zwei Eßlöffeln Weißweinessig auflösen und einrühren. Mit Salz, Pfeffer und gerade soviel Zucker würzen, daß das süß-saure Gleichgewicht gewahrt bleibt. Als Dip zu rohen Zuckerschoten oder blanchierten Baby-Maiskolben oder als Soße zu Meeresfrüchten servieren.

Gemüsegarten-Salsa
Eine Salatgurke fein würfeln und mit vier gehackten Frühlingszwiebeln vermischen. Den Saft einer Zitrone mit einem Eßlöffel Olivenöl und einem Teelöffel Senfpulver verrühren und über das Gemüse gießen. Salzen, pfeffern und gut verrühren. Als Beilage zu heißem oder kaltem Lachs oder zu kaltem Fleisch reichen.

Möhren-Rettich-Relish
Einen großen Rettich und ein oder zwei Möhren reiben und mit Weißweinessig vermischen. Etwa 10 Minuten ziehen lassen. Zu kaltem Fleisch, gehaltvollen Fleischpasteten oder gebratenem Fisch servieren. Das Relish kann auch auf einem Bett von Salatblättern als einfache Vorspeise serviert werden.

SCHNELLE SOSSEN

Selbstgemachte Mayonnaise
Ein Ei (Zimmertemperatur) in der Küchenmaschine aufschlagen, einen Spritzer Zitronensaft oder Weißweinessig und die Hälfte von insgesamt 150 ml abgemessenem Sonnenblumenöl dazugeben. Kurz durchquirlen und dann bei laufender Maschine nach und nach das restliche Sonnenblumenöl und weitere 150 ml Olivenöl (extra vergine) einfließen lassen, bis eine dicke, weiche Creme entstanden ist. Mit Salz und Pfeffer würzen und, falls nötig, noch Zitronensaft oder Essig hinzufügen.

Schnelle Béchamelsoße
In einem Topf über mittlerer Hitze 30 g Butter zerlassen und zwei Eßlöffel Mehl einrühren, bis sich beides gut verbunden hat. Ein bis zwei Minuten anbräunen, dann nach und nach 575 ml Milch (oder eine Mischung aus Milch und Fleischbrühe) unter ständigem Rühren langsam dazugießen, bis die Soße eingedickt ist und Blasen wirft. Mit Selleriesalz, Muskat und Pfeffer würzen.

Dieses einfache Grundrezept läßt sich vielfältig variieren. Wenn Sie in der Butter zunächst eine fein gehackte Zwiebel sautieren, bekommen Sie eine Zwiebelsoße, mit gehackter Petersilie eine Petersiliensoße. Für eine Käsesoße fügen Sie zum Schluß 50 g geriebenen reifen Cheddar, einen Spritzer Worcester-Soße und zwei Teelöffel Senf hinzu.

IDEEN FÜR FERTIGE ZUTATEN

Frische Tomatensalsa
Drei oder vier reife Eiertomaten und eine rote Zwiebel grob hacken; eine rote Chilischote entkernen und fein hacken. Alles zusammen in einer Schüssel mit dem Saft von zwei Limonen und einigen klein geschnittenen Korianderblättern vermengen. Paßt zu allen Arten von kaltem, gegrilltem und gebratenem Fleisch, Fisch und Geflügel. Je nach gewünschter Nuance lassen sich Geschmack und Schärfe z. B. mit anderen Kräutern, Cayenne-Pfeffer, zerkleinerter Mango oder Honig verändern.

Butter au Maître d'Hôtel
In einer Schüssel 50 g weiche Butter mit einer Handvoll kleingeschnittener glattblättriger Petersilie und einem Spritzer Zitronensaft vermischen. Die Butter zu einer dünnen Rolle formen, in Frischhaltefolie einschlagen und in den Kühlschrank (oder die Gefriertruhe) legen. Bei Bedarf – z. B. für gegrilltes Fleisch oder Fisch – schneiden Sie einfach soviel von der Rolle ab, wie Sie benötigen.

Für Knoblauchbutter (z. B. für Steaks) drei oder vier Knoblauchzehen einige Minuten in kochendem Wasser blanchieren, dann zerdrücken und unter die Butter mischen. Mit Petersilie, Schnittlauch und Kerbel angerührte Kräuterbutter paßt gut zu gegrilltem Fisch.

Portweinsoße mit grünem Pfeffer
Zwei oder drei zerkleinerte Frühlingszwiebeln zusammen mit einem Eßlöffel grüner Pfefferkörner (abgetropft und leicht zerdrückt) in ein wenig Butter kurz sautieren. Mit ein paar Löffeln Portwein ablöschen und einkochen lassen, bis die Flüssigkeit verschwunden ist. Dann eine große Portion eiskalte Butter einrühren. Diese Soße schmeckt am besten zu dunklem, gebratenem Fleisch.

Orangen-Senf-Soße
Zwei oder drei zerkleinerte Frühlingszwiebeln in ein wenig Butter kurz sautieren. Mit dem Saft einer großen Orange ablöschen und ein wenig Dijon-Senf unterrühren. Die Soße durch Aufkochen reduzieren und eine große Portion eiskalte Butter einrühren. Paßt zu fettem Fisch, zu Ente oder Schwein.

Meerrettich-Rauke-Sahne
150 ml Crème fraîche oder Sour Cream mit ein bis zwei Teelöffeln frisch geriebenem Meerrettich (auch im Glas erhältlich) und einer Handvoll kleingeschnittener Raukenblätter vermischen. Ideal zu geschmortem Fisch und Fleisch; eignet sich auch hervorragend als kalte Nudelsoße.

Kräuteröl
Ein wenig Olivenöl (extra vergine) in einem Töpfchen erwärmen und feingehackte Kräuter – z. B. Schnittlauch, Kerbel, Basilikum, Estragon – hinzufügen. Kräuteröl können Sie zu Kartoffeln oder jedem anderen gekochten oder gegrillten Gemüse reichen. Es eignet sich auch als Salat-Dressing, als Soße für Pasta und sogar als Dip für knuspriges Brot.

Fruchtsoße
Pürieren Sie Beerenobst nach Wahl mit Honig oder Puderzucker sowie mit Zironensaft und ein wenig geriebener Zitronenschale, und schon haben Sie eine perfekte Soße für sahnige Desserts. Fruchtige Brandys oder Liköre bieten sich zur weiteren Geschmacksveredlung an.

Schnelle Schokoladensoße
In einem kleinen Topf 30 g ungesalzene Butter in zwei Eßlöffeln Wasser zerlassen. 85 g Bitterschokolade hineinbröckeln und rühren, bis die Schokolade geschmolzen ist. Zwei Eßlöffel Schmand und, je nach Geschmack, feingehackten Ingwer, ein wenig Ingwerwein, Sherry oder Brandy unterrühren. Zu Eiscreme oder als Dip für Sommerfrüchte servieren.

Lachs-Blinis
Für eine schicke Vorspeise oder als Snack Blinis (gibt es in gut sortierten Supermärkten und Delikatessengeschäften abgepackt in der Kühltruhe) leicht antoasten, mit Crème fraîche bestreichen und mit Streifen von Räucherlachs belegen. Kleingehackte Frühlingszwiebel darüberstreuen und mit Pfeffer und Zitronensaft würzen.

Hummus
Abgetropfte Kichererbsen aus der Dose mit ein paar Zehen Knoblauch, drei oder vier Eßlöffeln Tahini (Sesampaste), drei oder vier Eßlöffeln Olivenöl und ausreichend Zitronensaft in der Küchenmaschine vermixen. Abschmecken und mit aufgewärmtem Fladenbrot servieren.

Artischockenherzen mit Ziegenkäse
Abgetropfte Artischockenherzen mit Scheiben von Ziegenkäse belegen und unter den Grill schieben, bis der Käse Blasen zu werfen beginnt. Auf Radicchio-Salat als Vorspeise oder Amuse gueule zum Drink servieren.

Verfeinerte Mayonnaise
Fertig gekaufte Mayonnaise läßt sich mit verschiedensten Zutaten verfeinern: mit ein oder zwei Eßlöffeln körnigem Senf (paßt zu Schinken und fettem Fisch), mit ein wenig Sahne und gehackten Kräutern (zu Gemüse und Eiergerichten), mit zerstoßenem Knoblauch zu Aïoli (siehe Seite 138).

Fisch-Pâté
Den Inhalt einer Büchse Sardinen abtropfen lassen und mit zwei oder drei Eßlöffeln fertiger oder selbstgemachter Mayonnaise (siehe Seite 139) pürieren. Zwei oder drei feingehackte Tomaten unterheben und mit Salz, Pfeffer und je einem Spritzer Zitronensaft, Worcester-Soße und Tabasco würzen. Auf Toast servieren.

Hähnchen-Pfannkuchen
Zerkleinerte Hähnchenreste mit Pflaumensoße und feingehackten Frühlingszwiebeln vermengen und damit fertig zu kaufende asiatische Pfannküchlein füllen. In der Mikrowelle heiß machen und als Vorspeise servieren.

Thunfisch-Sardellen-Paste
Den Inhalt einer Dose Thunfisch (Öl abtropfen lassen) mit drei oder vier abgetropften Sardellenfilets, einem Eßlöffel gehackter Kapern, zwei oder drei sauren Gurken und ein wenig Olivenöl in der Küchenmaschine pürieren. Bei laufender Maschine mit gleichmäßigem Strahl weiter Öl dazugießen, bis eine soßen-ähnliche Konsistenz erreicht ist. Mit Pfeffer und Zitronensaft abschmecken und zu kaltem Fleisch reichen.

Muschel-Frischkäse-Aufstrich
Den Inhalt einer Dose Venusmuscheln abtropfen lassen und mit Frischkäse verrühren. Mit Zitronensaft, Oregano, Selleriesalz und Cayenne-Pfeffer würzen. Für Kanapees verwenden oder mit Sahne verdünnen und als Dip reichen.

Obst-Sahne-Körbchen
Fertige Biskuittörtchen oder Schokoladenböden mit Crema Nostra oder Screwdriver Cream (siehe Seite 141/142) füllen und mit frischen Beeren oder Nektarinenscheiben belegen.

Schnelle Pawlowa
Eine Baiser-Schale mit Romanow Surprise (siehe Seite 141) füllen und obenauf mit Himbeeren oder Fruchtfleisch von Maracuja dekorieren.

SCHNELL GEMACHT MIT SAHNE

Sahne und guter Magermilch-Joghurt sind zum Improvisieren in der Küche unerläßliche Zutaten. Wenn Sie in Ihrem Kühlschrank einen guten Vorrat an Schlagsahne, Crème double, Crème fraîche und Joghurt haben, sind Sie in der Lage, innerhalb weniger Minuten die köstlichsten Desserts auf den Tisch zu zaubern. Frischkäse und andere Weichkäse wie Ricotta oder Mascarpone eröffnen ebenfalls viele Möglichkeiten, vor allem in Kombination mit Nüssen oder Früchten.

Sofern Sie sich um gesunde Ernährung Gedanken machen, können Sie auch die fettreduzierten Versionen der obengenannten Produkte verwenden, aber bedenken Sie bitte, daß gerade das Fett für den Geschmack bestimmend ist. Beim Süßen können Sie selbstverständlich kalorienarme Süßstoffe anstelle von echtem Zucker verwenden.

Ingwersahne

Eignet sich hervorragend als erfrischender Abschluß für ein scharf gewürztes Essen.
Für 6
Circa 6 Stücke Ingwer in Sirup
575 ml gut gekühlte Crème double
6-8 EL Ingwerwein
2 EL Whisky
Puderzucker (nach Belieben)
Dazu Katzenzungen-Biskuits oder Florentiner

1 Den Ingwer fein hacken und etwa 3 Eßlöffel vom Sirup abnehmen.
2 Die Crème double aufschlagen.
3 Mit dem Schneebesen nach und nach den Ingwer, den Ingwerwein und den Whisky unterrühren und dabei darauf achten, daß die Masse immer weich und cremig bleibt.
4 Wenn nötig, mit Puderzucker süßen.
5 Mit dem Löffel in Gläser, Dessertpokale oder Schälchen umfüllen und bis zum Servieren in den Kühlschrank stellen.
6 Kurz vor dem Auftragen die Creme mit dem Ingwersirup beträufeln. Mit Katzenzungen oder Florentinern servieren.

Tudor-Syllabub

Dieses süße Gebräu, das übrigens einer italienischen Zabaglione verwandt ist, war im elisabethanischen England als Stärkungsmittel beliebt und schmeckt besonders gut nach kräftigen Braten.
Für 4–6
2 Eiweiß
2 EL Zucker
1 Zitrone
4 EL trockener Sherry
2 EL Brandy
300 ml gut gekühlte Crème double
Muskat für die Garnitur (nach Belieben)
Dazu Makronen oder Crêpes dentelles

1 Das Eiweiß in einer großen Schüssel steif schlagen (das Eigelb für Mayonnaise oder zum Verfeinern von Soßen verwenden).
2 Den Zucker, den Saft der Zitrone, den Sherry und den Brandy unterheben.
3 In einer anderen Schüssel die Crème double aufschlagen.
4 Die Crème double unter die Eiweißmasse heben.
5 Die Mischung mit dem Löffel in Milchshake-Gläser oder in Champagnergläser umfüllen und so lange wie möglich kalt stellen.

6 Wenn Sie mögen, mit dünnen Streifen Zitronenschale oder frisch geriebener Muskatnuß garnieren.
7 Mit Makronen, Crêpes dentelles oder anderen Keksen Ihrer Wahl servieren.

Schnelle Nusscreme

Für 4–6
300 ml gut gekühlte Crème double
1 kleine Zitrone
85 g gute Mürbeteig-Nußkekse
50 g kernlose Rosinen

1 Die Crème double aufschlagen.
2 Die Schale der Zitrone reiben und unterrühren.
3 Die Nußkekse fein zerbröckeln (aber nicht pulverisieren): entweder in einem Mörser oder in einer Plastiktüte, die mit dem Nudelholz oder einem Holzhammer bearbeitet wird. Die Brösel zusammen mit den Rosinen unter die Sahne heben.
4 Mit dem Löffel in Gläser, Dessertpokale oder Schälchen umfüllen und bis zum Servieren in den Kühlschrank stellen.

Athole Brose

Dies ist die süße Deluxe-Version der traditionellen schottischen Süßspeise Brose, die aus Hafermehl, Butter, Rübensirup und Whisky zubereitet wird.
Für 4–6
300 ml gut gekühlte Crème double
3 EL klarer Honig
3 gehäufte EL Hafermehl
2 EL Whisky
Dazu Butterkekse oder Biskuitgebäck

1 Die Crème double aufschlagen.
2 Alle anderen Zutaten unterrühren.
3 Mit dem Löffel in Gläser oder Schälchen füllen und so lange wie möglich kalt stellen.
4 Mit Butterkeksen oder Biskuitgebäck servieren.

Karibischer Balsam

Für 6–8
225 g Ananas-Stücke aus der Dose (in Sirup)
1 TL Nescafé
5 EL Rum
575 ml Crème double
Dazu Mandelbiskuits (Amaretti)

1 Die Ananas mit drei oder vier Eßlöffeln vom eigenen Sirup in eine Pfanne geben, den Nescafé unterrühren und über starker Hitze aufkochen. 5–7 Minuten lang einkochen, bis der Sirup zu karamelisieren beginnt.
2 Vom Herd nehmen, den Rum darübergießen und flambieren.
3 Wenn die Flammen erloschen sind, die Pfanne wieder auf den Herd stellen und bei schwacher Hitze die Crème double unterrühren (nur heiß werden lassen).
4 Sofort servieren und Mandelbiskuits dazu reichen.

Romanow Surprise

Am besten schmeckt es zwar mit frischen Früchten, aber auch mit tiefgefrorenen Himbeeren ist dieses schnelle Dessert noch sehr lecker.
Für 4–6
300 ml kalter Joghurt
170 g Himbeeren
Puderzucker

1 Ein paar der schönsten Himbeeren zurückbehalten, den ganzen Rest in der Küchenmaschine zu einem stückigen Püree verarbeiten.
2 Das Himbeerpüree in eine Schale umfüllen und den Joghurt gut damit verrühren.
3 Nach Belieben mit Puderzucker süßen.
4 Mit dem Löffel in Schälchen, Dessertpokale oder Gläser umfüllen und kalt stellen.
5 Vor dem Servieren mit den zurückbehaltenen Früchten dekorieren.

Screwdriver Cream

Screwdriver („Schraubenzieher") wird in den USA ein vor allem zum Brunch sehr beliebter Longdrink aus Orangensaft und Wodka genannt. Die mit Orangenschale und Wodka zubereitete Creme ist die ideale Ergänzung zu frischen Früchten und auch als Häubchen oder Füllung für fertigen Rührkuchen oder Schokoladen-Biskuitböden verwendbar.
Für 4
300 ml gut gekühlte Crème fraîche
1 große Orange
2-3 EL Wodka
Puderzucker (nach Belieben)
Dazu frische Früchte oder Kekse

1 Die Crème fraîche in einer Schüssel aufschlagen.
2 Die geriebene Orangenschale und den Wodka unterrühren.
3 Wenn nötig, mit Puderzucker süßen.
4 Mit dem Löffel in Schälchen, Dessertpokale oder Gläser umfüllen und so lange wie möglich kalt stellen.
5 Mit frischen Früchten oder Keksen servieren bzw. wie oben vorgeschlagen verwenden.

Crema Nostra

Dieses Rezept basiert auf einer wunderbaren sizilianischen Süßspeise, den Cannoli, das sind mit Ricotta gefüllte Teigröllchen.
Für 6–8
50 g ungesalzene Pistazien ohne Schale
350 g gut gekühlter Ricotta
85 g Orangeat, fein gehackt
1 EL Pomeranzenwasser
Dazu Kekse mit Schokoladenstücken oder Butterkekse

1 Die Pistazien grob hacken.
2 Den Käse in eine Schüssel geben und die gehackten Pistazien und alle übrigen Zutaten unterrühren.
3 Mit Butter-, Brandykeksen oder Keksen mit Schokoladenstücken servieren.

Schnelles Tiramisu

Für 6–8
12 Löffelbiskuits
1 TL Nescafé
2 EL Brandy
2 EL Marsala
3 Eier
3 EL Zucker
350 g Mascarpone oder Ricotta
85 g Bitterschokolade

1 Die Hälfte der Löffelbiskuits in Stücke brechen und auf dem Boden einer flachen Schüssel verteilen.
2 Den Nescafé in zwei Eßlöffel heißem Wasser auflösen und mit der Hälfte vom Brandy und vom Marsala vermischen. Die Hälfte dieser Flüssigkeit über die Löffelbiskuits träufeln.
3 Die Eier trennen und in einer großen Schüssel das Eigelb mit dem Zucker verquirlen.
4 Den Käse nach und nach unter die Eigelb-Mischung rühren und den restlichen Brandy und Marsala hinzufügen.
5 Das Eiweiß steif schlagen und unter die Käsemischung heben.
6 Ein Drittel der Schokolade über die untere Biskuitschicht reiben (grob), dann die Hälfte der Käsemischung darüber verteilen.
7 Dann die andere Hälfte aller Zutaten in der gleichen Reihenfolge darüberschichten. Die restliche Schokolade über das fertige Tiramisu reiben und das Ganze so lange wie möglich in den Kühlschrank stellen.

SCHNELL GEMACHT MIT BROT

Knoblauch-Croûtons
Von dick geschnittenen Weißbrotscheiben die Rinde entfernen und das Brot in Würfel schneiden. Eine Pfanne gut mit Knoblauch ausreiben, ein wenig Butter darin zerlassen und die Brotwürfel darin goldbraun anbraten. Paßt gut zu Suppen (wie z. B. zur Muschelsuppe auf Seite 51), zu Salaten und Eiergerichten.

Croûtes
Croûtes eignen sich gut als Grundlage für Eier- oder Geflügelhäppchen. Dicke Scheiben altbackenes Brot in Quadrate, Dreiecke (oder mit einem Teigschneider in Kreise) schneiden und in Butter goldbraun braten.

Brotsalat
Für einen Salat ähnlich dem Fattoush aus dem Nahen Osten oder dem italienischen Panzanella altbackenes Brot toasten, in Stücke brechen und mit einer Senf-(Salat-)Soße vermischen. Dann gehackte Tomaten, Salatgurke, Frühlingszwiebel und Kräuter (z. B. Koriandergrün und Minze) hinzufügen.

Pain perdu
Scheiben von Brot oder Brioche in aufgeschlagenem gesüßtem Ei wälzen und in Butter braten. Wenn Sie mögen, vorher Zimt und Orangenschale unter das Ei rühren und die fertig gebratenen Scheiben mit Puderzucker bestäuben. Pain perdu („verlorenes Brot") eignet sich auch als Boden zu Eiscreme.

Bruschetta
Dicke Scheiben Krustenbrot toasten, dann mit Olivenöl bestreichen und eine aufgeschnittene Knoblauchzehe darauf verreiben. Als Belag bieten sich gehackte Tomaten, Oliven, Sardellen und Mozzarella an. Eventuell mit dem Belag noch einmal kurz unter den Grill schieben.

Brie-Toast
Dicke Scheiben Brioche dünn mit Senf bestreichen, mit Briekäse belegen und grillen, bis der Käse beginnt, Blasen zu werfen. Als Vorspeise oder als Amuse gueule zum Drink servieren. Wenn die Zeit dafür reicht, noch mit gerösteten Mandeln garnieren.

Frucht-Croissants
Als Dessert oder als originelle Idee zum Frühstück Croissants aufwärmen, aufschlitzen und mit Beerenfrüchten füllen, die zuvor in süßer Sahne gewälzt wurden.

Sommer-Charlotte
Eine flache Schale mit entrindeten und mit Butter bestrichenen Graubrot- oder Brioche-Scheiben auslegen und mit Karibischem Balsam (siehe Seite 141) auffüllen; alternativ das Brot mit warmer Apfelsoße bestreichen und mit Romanow Surprise (siehe Seite 141) auffüllen.

Brot-und-Butter-Pudding
Einige zurechtgeschnittene Scheiben altbackenes Brot, Brioche oder Kuchen in einer flachen Schale in abwechselnden Lagen mit in Orangensaft und Brandy eingeweichten Sultaninen schichten. Angerührten Fertigpudding darübergießen, kühl stellen und den Pudding in das Brot einziehen lassen.Wenn Sie mögen, die Brotschichten vorher mit Marmelade bestreichen.